No começo eram os deuses

Jean Bottéro

No começo eram os deuses

Tradução de
Marcelo Jacques de Morais

2ª edição

Rio de Janeiro
2023

"Au commencement étaient les dieux" Jean Bottéro
World copyright © TALLANDIER EDITIONS, 2004

Título original francês:
Au commencement étaient les dieux

PROJETO GRÁFICO DE MIOLO
Evelyn Grumach e João de Souza Leite

CAPA
Diana Cordeiro

CIP-BRASIL. CATALOGAÇÃO NA FONTE
SINDICATO NACIONAL DOS EDITORES DE LIVROS, RJ

B769n
2ª ed.

Bottéro, Jean, 1914-2007
No começo eram os Deuses / Jean Bottéro; apresentado por Jean-Claude Carrière; [tradução de Marcelo Jacques de Morais]. – 2ª ed. – Rio de Janeiro: Civilização Brasileira, 2023.

Tradução de: Au commencement étaient les dieux
Inclui bibliografia
ISBN 978-85-200-0900-0
1. Religião assírio-babilônica. 2. Judaísmo - Influência assírio-babilônica. I. Título.

09-4431

CDD: 299.35
CDU: 252

Todos os direitos reservados. Proibida a reprodução, o armazenamento ou a transmissão de partes deste livro, através de quaisquer meios, sem prévia autorização por escrito.

Direitos desta edição adquiridos pela
EDITORA CIVILIZAÇÃO BRASILEIRA
Um selo da
EDITORA JOSÉ OLYMPIO LTDA.
Rua Argentina, 171 – Rio de Janeiro, RJ – 20921-380 –
Tel.: (21) 2585-2000

Seja um leitor preferencial Record.
Cadastre-se no site www.record.com.br e receba informações sobre nossos lançamentos e nossas promoções.

Atendimento e venda direta ao leitor:
sac@record.com.br

Impresso no Brasil
2023

Sumário

PREFÁCIO, por Jean-Claude Carrière   7

PRIMEIRA PARTE
TUDO COMEÇA NA SUMÉRIA   *11*

CAPÍTULO I
No começo, os sumérios   *13*

CAPÍTULO II
Mesopotâmia: aventura de uma descoberta   *29*

SEGUNDA PARTE
A MAIS ANTIGA RELIGIÃO DO MUNDO   *51*

CAPÍTULO I
O mais antigo relato do Dilúvio   *53*

CAPÍTULO II
A primeira Arca de Noé   *75*

CAPÍTULO III
O "país sem retorno" dos mesopotâmios   *85*

TERCEIRA PARTE
VIVER NA MESOPOTÂMIA   *107*

CAPÍTULO I
O amor livre na Babilônia   *109*

NO COMEÇO ERAM OS DEUSES

CAPÍTULO II
Moral e sabedoria dos mesopotâmios   129

CAPÍTULO III
O "Código de Hamurábi"   151

CAPÍTULO IV
A magia e a medicina reinam na Babilônia   165

CAPÍTULO V
A mais antiga cozinha do mundo   193

CAPÍTULO VI
A mais antiga história do vinho   203

QUARTA PARTE
O NASCIMENTO DE DEUS   225

CAPÍTULO I
Deus é mediterrâneo?   227

CAPÍTULO II
De Abraão a Moisés: o nascimento de Deus   235

CAPÍTULO III
Deus e o mal: da Mesopotâmia à Bíblia   255

CAPÍTULO IV
Deus e o crime   285

ANEXOS   299

MAPAS   301

GLOSSÁRIO   303

CRONOLOGIA   309

ÍNDICE REMISSIVO   313

Prefácio

Tomar como esposa uma mulher chamada Penélope (que chamávamos de Peny) supõe, é evidente, certo gosto pela paciência. O estudo do passado talvez seja apenas uma tapeçaria que incessantemente se desfaz, uma sequência de rasgos, remendos, súbitas fulgurâncias, arrependimentos, decepções.

Para esse trabalho, é preciso também confiança, talvez até mesmo fé; é preciso apostar que o passado pode ser conhecido, que está aí para isso, que nos deixou indícios. À sua revelia, assim como também os deixamos para aqueles que virão depois de nós.

Felizes eram aqueles domingos em que, com Annie e Abraham Segal, com a historiadora e sinóloga Nahal Tajadod, partíamos de carro para Gif-sur-Yvette,* onde os Bottéro nos esperavam sorridentes e de braços abertos. Abraham e Annie levavam os queijos, eu me encarregava dos vinhos. Lá encontrávamos, com frequência, além de Peny e das crianças, algum erudito de passagem, falávamos de tudo e de nada, do mundo de ontem e de hoje, que, estranhamente, por um domingo, eram um só.

---

*Pequena cidade francesa da região de Île de France. (N. T.)

NO COMEÇO ERAM OS DEUSES

E o principal: era Jean Bottéro que cozinhava — não a comida mesopotâmica, que revelou aos nossos contemporâneos, mas uma comida nossa, à base de *cassoulet*, perna de cordeiro, *aïoli* — um cardápio anunciado previamente, semanas antes, e para o qual eu escolhera os vinhos.

Tinha-se que vê-lo na cozinha, com um avental florido em volta da cintura, inquieto como qualquer gourmet que decide pôr-se à prova, maníaco em relação aos rituais, pessimista quanto ao cozimento, preciso sobre o momento de sentar à mesa, cético em relação aos elogios, levando o vinho ao nariz, depois aos lábios, com um deslumbramento que se assemelhava à beatitude, a um contato indiscutível com o sagrado.

Começávamos a falar um pouco mais tarde. Jean evocava alguma leitura, as últimas escavações, alarmava-se com as guerras no Oriente Médio, onde os mortos sofrem tanto quanto os vivos, disparava uma flecha acridoce contra Freud, contava uma piada, celebrava alegremente Totò, o cômico italiano — que descendia, é verdade, da família imperial bizantina.

O que gosto nele é o fato de não separar os vivos dos mortos. Uns chamam os outros. Tudo se toca, tudo se reúne. Jean é o contrário de um cientista endurecido analisando poeira escura. Com os homens e as mulheres de outrora, e particularmente com os habitantes dessa Mesopotâmia que ele tanto contribuiu para que conhecêssemos, estabelece uma relação direta, imediata, de vizinho para vizinho. Sempre se tem a impressão, em Gif-sur-Yvette, de que eles vão abrir a porta e entrar.

Como o leitor verá nas páginas seguintes, Jean conheceu intimamente as prostitutas da Babilônia, conta como elas faziam amor (bastante bem, ao que parece, mas com uma la-

PREFÁCIO

cuna que insiste em assinalar), conheceu muito bem Gilgamesh, chorou a morte de Enkidu, assistiu (e talvez tenha participado dela) à redação da estela de Hamurábi, que conhece de cor, sabe como se cozinhava, como se jardinava, por que se misturava mel ao sal, como se fabricava vinho em um país de cerveja.

E assim por diante. Conhece até mesmo os sentimentos, segredos e sofrimentos daqueles corações antigos; reencontrou tristezas, perguntas sem resposta, que às vezes ainda nos fazemos — sobre a existência do mal e do crime nesse mundo que amaríamos sem censura. Ele acompanha o caminho de Deus, lentamente traçado pelos homens, e leva-nos ao seu lado da Suméria a Jerusalém, passando por Ur e pelo Egito.

Inesgotável, após anos de decifração daquelas imensas bibliotecas de argila (os livros, então, eram feitos de argila, como os homens), daqueles milhares de tabuletas com caracteres que nomeamos cuneiformes, letras, nomes, frases que nos esperavam em silêncio havia milênios para nos falar, enfim, de nossos primórdios, da mais antiga civilização conhecida.

Jean Bottéro é um ser vivo, um ótimo ser vivo. É também um cientista, formado por certos métodos, e um homem de ideias. Por trás dessa ressurreição de um mundo, precisa e por vezes miraculosa, nos lembra a cada instante que devemos desconfiar de todas as coisas, até mesmo dos nossos pensamentos e da história, sobretudo quando ela faz entrarem em cena nacionalismos brutais, que buscam sua fonte, e a razão de sua supremacia, em uma lendária Antiguidade.

Ele nos diz que os impérios mesopotâmicos exerceram uma viva influência ao seu redor, sobre os semitas (o primeiro relato do Dilúvio não é bíblico, é sumério), sobre os gregos (por sua preocupação com uma abordagem curiosa e uma observação precisa da natureza), sobre toda uma parte do mundo em que generalizaram o uso cotidiano da escrita, e até mesmo sobre a Índia, que parece ter sido seduzida por uma astrologia proveniente do oeste.

Nesta surpreendente série de textos cuja leitura é inseparável, para mim, da voz de Jean, de sua precisão, de sua verve e de sua alegria, é possível sentir a cada instante como o mundo se oferece à nossa consideração, e em seguida ao nosso pensamento, como este se apropria dele, estuda-o, analisa-o, compara-o, ampliando incessantemente esse tesouro que chamamos de saber.

É possível ver também, às vezes, assim como em um domingo em Gif-sur-Yvette, como a vida, pela graça de um indivíduo, pode reunir o que os séculos até então haviam separado.

Jean-Claude Carrière

PRIMEIRA PARTE   Tudo começa na Suméria

CAPÍTULO I   # No começo, os sumérios*

---

*Este artigo foi publicado na revista *L'Histoire* n° 123, pp. 50-54.

L'HISTOIRE: Sr. Jean Bottéro, o senhor acaba de publicar, em colaboração com o norte-americano Samuel Noah Kramer, *Lorsque les dieux faisaient l'homme* [Quando os deuses faziam o homem, Gallimard], um impressionante conjunto de textos mitológicos mesopotâmicos, traduzidos e comentados. Sua cumplicidade com o grande sumerólogo remonta a 1957, quando o senhor tornou conhecidas na França as descobertas dele ao adaptar o livro *L'Histoire commence à Sumer* [A História começa na Suméria, Arthaud], que continua sendo um grande sucesso. Ao acompanharmos a continuação do trabalho dos senhores, somos tentados a nos perguntar: será que o Ocidente, nossa civilização, não nasceu, quanto ao essencial, na Mesopotâmia?

JEAN BOTTÉRO: Quando se trata das origens, temos sempre que nos proteger do fantasma da origem absoluta, que supostamente explica, resolve e engendra tudo por meio de um determinismo mágico. Nessa busca às avessas, sensível entre nós desde a Idade Média, já se quis, de acordo com as ideologias e necessidades de cada época, alçar Troia ou Roma, a Grécia ou os germanos, e muitas outras combinações de ancestrais, à eminente dignidade de fonte. É assim que cada sistema político e filosófico retira de suas fundações prestí-

NO COMEÇO ERAM OS DEUSES

gio, em geral concebido como uma máquina de guerra contra o sistema rival. O apagamento das hipotéticas "impurezas" orientais pelo mito "viril" dos grandes ancestrais indo-europeus é apenas uma das manifestações dessa deplorável tendência de eleger um passado para si.

Antes de mergulhar nos séculos — uma vez que logo vamos nos aventurar no quarto milênio a.C. —, é preciso, então, recordar que nunca há, em história, um começo com "C" maiúsculo. Existem apenas desenvolvimentos, cruzamentos, separações, esquecimentos, redescobertas. Assim, a Grécia, que representou para as Luzes o berço da civilização, combatendo a hegemonia do modelo cristão, foi por muito tempo considerada um milagre — o famoso "milagre grego", que tinha como uma de suas funções, é claro, fechar o Ocidente a sete chaves. Seria uma enorme tolice, por reação, depreciar a espantosa mutação que a Grécia representa na história do Ocidente. Mas isso não impede que a Grécia também tenha uma história. E que seja preciso, para compreendê-la, debruçar-se sobre a Ásia Menor, a Jônia, os hititas, e depois, já que uma coisa puxa a outra, avançar na direção da Mesopotâmia.

Quem diz história diz, com efeito, escrita. Enquanto não existe escrita, enquanto ela permanece indecifrável, somos arqueólogos ou pré-historiadores. Falta-nos aquela circulação de ideias, imagens, narrativas e genealogias por meio das quais os homens, de uma certa maneira, "inventaram" a si mesmos. O Oriente, que desapareceu de nossa cena mental com o esquecimento de suas escritas, começou seu legítimo retorno quando, vinte anos antes do *Compêndio do sistema hieroglífico* de Champollion, o jovem alemão Grotefend estabeleceu, em 1830, as bases da decifração das "inscrições

NO COMEÇO, OS SUMÉRIOS

persepolitanas ditas cuneiformes". Em suma, quando essas diabólicas tabuletas de argila ornadas de pregos e cunhas começaram a falar, descobriu-se a importância da Mesopotâmia, até então subúrbio da Bíblia ou das Guerras Médicas (século V a.C.). Uma biblioteca monstruosa se abria sob nossos pés entre o Tigre e o Eufrates. Detemos agora centenas de milhares de tabuletas sobre todos os temas, do direito e da política à religião, passando pela literatura, pela ciência, pela vida cotidiana e pelo emaranhado dos escritos diplomáticos. Isso muda singularmente nossa visão das coisas.

L'Histoire: A primeira contribuição da Mesopotâmia para o Ocidente seria, então, simplesmente a escrita?

Jean Bottéro: Exatamente. Tomado de empréstimo aos "fenícios", o genial sistema alfabético tem suas raízes profundas na Suméria, no "país dos dois rios". Gostaria de insistir em relação a esse elemento capital no destino da humanidade, pois a invenção da escrita, por volta do ano 3000 antes de nossa era, não é apenas a invenção de uma técnica de registro e decifração. Ela representa uma revolução do espírito humano. Foi preciso primeiramente que o homem "isolasse", se podemos dizer assim, seu pensamento, que fizesse dele uma espécie de objeto reproduzível por pictogramas, imagens-lembrete. Essa operação é considerável. Ela permite um trabalho absolutamente inédito até então sobre tudo o que o homem pode representar para si próprio, sobre a apreensão e a transmissão dos fatos assim como das ideias. O homem tem agora seu pensamento diante de si.

Uma segunda operação torna-se então possível: a que consiste em separar o pictograma do objeto designado. As primeiras inscrições sumérias se limitam a representar uma ideia ou coisa. Aos poucos, o mesmo signo é empregado para outro objeto que não o objeto de origem, cujo nome é foneticamente idêntico ou vizinho. Em sumério, por exemplo, o objeto flecha, facilmente representável, era chamado *ti*. Ora, a vida também era chamada *ti*. Logo, o mesmo signo remete a duas realidades. Assim, por volta do ano 3000 a.C., cortou-se a relação entre o objeto e o signo para delimitar um fonema e, dessa forma, desenvolver a lógica da língua escrita, sistema autônomo, ferramenta de um gênero novo.

No fim desse processo, o sistema gráfico se tornou uma escrita de palavras. O homem pode não apenas conservar por escrito o pensamento como também consignar a palavra e a língua. O lembrete não satisfaz mais: informa-se e instrui-se. Por esse mesmo viés, uma certa concepção da ciência e do divino se vê abalada. Veremos o que, tanto no domínio da razão quanto no dos deuses, a Mesopotâmia acabará, graças a esse progresso, por nos legar.

Por enquanto, contudo, uma coisa é certa. Foi de fato na Mesopotâmia que nosso primeiro sistema de escrita se edificou, e não em outro lugar. Esses povos representam, por isso, nossos mais antigos parentes identificáveis. Certamente existem outras influências, que, por falta de escrita, não podemos designar.

L'HISTOIRE: No entanto, por muito tempo procurou-se apenas no Egito.

JEAN BOTTÉRO: É claro. O Egito fascina, por todas as razões, que vão do mistério dos hieróglifos à epopeia napoleônica, passando pela Bíblia e pelo legado de Alexandria. A arqueologia, no que diz respeito à escrita, parece agora formal: os primeiros traços se encontram na Mesopotâmia, há cerca de 5 mil anos — o que em nada reduz os méritos da terra dos faraós. Encontram-se, aliás, na época, no Egito, alguns dados mesopotâmicos, jamais o contrário, o que tenderia a provar a anterioridade da Mesopotâmia. A escrita precisou de cerca de dois séculos para vir à luz nos reinos do Nilo. Em compensação, tudo indica que os egípcios rapidamente desenvolveram essa aquisição de maneira autônoma e original.

Esse debate, contudo, permite ressaltar um dado importante. O Egito, por sua geografia, mergulha na direção da África e se abre para o Mediterrâneo: encontra-se, de fato, quase isolado do restante do conjunto oriental. Essa posição acentua seu particularismo e sua originalidade. A Mesopotâmia, em compensação, oferece uma plataforma aberta para duas imensidões, o Oriente e o Ocidente, que lhe eram igualmente acessíveis: ela está exposta a todos os fluxos de circulação. Constitui um conjunto coerente, mas não pode organizar-se inicialmente com base em fronteiras naturais internas: tudo favorece a eclosão de cidades rivais e a delimitação do território destas em torno de polos monárquicos centralizados.

A região, enfim, rica e fértil, não dispõe de matérias-primas: lodo, betume, juncos — nada além disso. Esse povo mesopotâmico deve, portanto, circular, comerciar, viajar, e supre suas carências naturais por meio de achados técnicos e intelectuais. Em suma, dispomos aí de todo um feixe de imposições que explicam em parte seu dinamismo. Encontram-se, desde a mais alta Antiguidade, traços mesopotâmicos tanto na Índia quanto às portas da Europa.

L'HISTOIRE: De início, portanto, os sumérios...

JEAN BOTTÉRO: Não exatamente. Até onde se pode remontar, a Mesopotâmia é bilíngue. Fala-se, de um lado, o sumério, língua bastante isolada, e, de outro, o acádio, ramo do conjunto semítico. Duas línguas tão diferentes quanto o chinês e o francês, diga-se de passagem...

Afirmada desde a origem, essa dualidade nos impede, aliás, de sucumbir à tentação da origem única. A escrita e as futuras ciência e teologia — se ousamos empregar esses termos anacrônicos — nascem em uma civilização que, por si mesma, representa uma simbiose.

Os sumérios, vindos talvez pelo mar do golfo Árabe-Pérsico, parecem ter cortado os laços com sua pátria de origem. Os semitas, em compensação, se enraízam em um poderoso passado, que remonta à Síria. Mais dinâmicos e numerosos, constantemente alimentados de sangue novo, mesmo que pareçam ter sido menos inventivos, eles "decolam" graças ao contato com os sumérios. Reciprocamente, os sumérios aproveitam a extraordinária vitalidade dos semitas. E não podemos nos esquecer, enfim, de que é preciso contar também com outros povos, já presentes na região, dos quais nada sabemos, mas que nos legaram inúmeros nomes próprios, que não podem ser analisados por meio do sumério e do acádio: Lagash, Uruk, Ur etc.

Digamos novamente: estamos diante de uma civilização dinâmica, composta. O choque da escrita vai, se ousamos dizê-lo, precipitá-la — no sentido químico do termo — em um duplo movimento, cujas consequências podemos ainda hoje, mais do que nunca, apreciar: a organização de uma mitologia e, de forma complementar, de um certo espírito "científico", uma coisa ligada à outra.

NO COMEÇO, OS SUMÉRIOS

L'HISTOIRE: Segunda contribuição, consequentemente: os deuses.

JEAN BOTTÉRO: Ou, para ser mais preciso, uma certa concepção do mundo divino. Podemos seguir seu avanço no rastro da literatura, cada vez mais abundante, que chegou até nós. Pensem no papel que desempenhou e continua desempenhando, entre nós, por intermédio da Bíblia, essa grande cosmogonia babilônica cujos traços permanecem onipresentes no livro da *Gênesis* (relato da Criação, geografia do Paraíso, Dilúvio), assim como em outros, mais tardios, tais como o famoso livro de *Jó*, o grande livro sobre o Mal e o sobre o sentido da vida. Tudo aquilo de que nos tornamos, aliás, desde então conscientes através dos estudos bíblicos. Em compensação — o "milagre grego" obriga a isso —, minimiza-se, ainda com frequência, o material mesopotâmico utilizado pelas cosmogonias jônicas, de Hesíodo ou de Tales de Mileto.*

L'HISTOIRE: Então a própria Bíblia nasce na Babilônia?

JEAN BOTTÉRO: Não. Com toda evidência, não. É verdade que, por muito tempo, acreditamos que a Bíblia era o livro mais antigo do mundo, vindo diretamente de Deus. A descoberta, em 1872, por George Smith, das confluências entre o relato bíblico e relatos mesopotâmicos mais antigos, em especial os do Dilúvio, mudou as coisas. Os empréstimos, numerosos, foram a partir de então recenseados. Mas não é por isso que se deve ceder ao erro inverso: o Antigo Testa-

---

*Hesíodo, poeta grego do século VIII a.C., é especialmente conhecido como o autor de uma *Teogonia* e de um poema didático, "Os trabalhos e os dias", em que se encontram também influências mesopotâmicas. O astrônomo e matemático grego Tales (século VI a.C.) permanece, por sua vez, o símbolo do desenvolvimento do pensamento racional.

NO COMEÇO ERAM OS DEUSES

mento não é uma mera variante das sabedorias do Crescente Fértil. Ele emprega seu material, mas transforma-lhe radicalmente o sentido.

Você sabe que, no início do livro da Gênesis, encontramos emparelhados, um ao outro, dois relatos da Criação que foram compostos com quatro séculos de intervalo. O primeiro (século IX a.C.), que vem em segundo lugar na leitura, é independente da Babilônia. O segundo (século V a.C.), que vem no início, apresenta, em compensação, um contraponto de cantos, poemas e cosmografias míticas babilônicos, ligados à Água original e à luta contra o Dragão primordial. Ao final da montagem, contudo, resulta uma teologia completamente diferente da dos mesopotâmios, quando menos pela insistência dos redatores quanto à unicidade absoluta e à transcendência do Criador.

O mesmo acontece com os relatos do Dilúvio. Os deuses mesopotâmicos querem purgar a terra de toda presença humana, porque os homens, ruidosos e numerosos, perturbam sua quietude. O Deus de Israel decide, a seu turno, punir os homens por conduta imoral. Daí se extraem lições muito diferentes. Poderíamos continuar com várias passagens de Isaías ou do livro de Jó, cujo "roteiro" babilônico descobrimos (diálogo com o "Justo" infeliz). As conclusões do redator hebreu se alçam, porém, a patamares que seus confrades politeístas ignoram: Deus não seria Deus se sua ação fosse comandada por nossa lógica e se nossa única atitude não fosse a de nos deixar levar por ele diante do que quer que decida para nós. Não precisamos de um Deus à nossa medida.

Os padres, doutores e profetas de Israel pensam e vivem, portanto, sob a influência inconsciente, longínqua e difusa, mas para nós evidente, da Babilônia. Afora os grandes relatos

NO COMEÇO, OS SUMÉRIOS

míticos e literários, compartilham também com essa esmagadora cultura a preocupação com o pecado, a interrogação sobre o mal, sobre a permanência fantasmática dos mortos em um Além... Fiéis, contudo, à experiência inaudita, absolutamente inédita, de seu monoteísmo, fazem isso contra a Babilônia. Se os mesopotâmios forneceram a eles a armadura de todas as grandes questões, os israelitas deformaram o sentido delas, modificando-lhes completamente as funções.

A história de Israel é, portanto, a de um pequeno povo — confrontado com terríveis provas — que afirma sua diferença em um mundo do qual emprega a linguagem, o saber e os mitos. O Exílio na Babilônia (587 a.C.) priva os hebreus de sua terra, cria a Diáspora, alimenta a poderosa busca de um Reino por vir, e até mesmo de uma recompensa após a morte. Ele enraíza para sempre a visão adquirida, há pouco tempo, afinal, de um Deus universal e absoluto não mais local e nacional, mas único e que transcende a tudo: descoberta que constitui um dos momentos capitais da história da humanidade. Outro aspecto do Ocidente nasce, assim, às margens dos rios da Babilônia. Mas apenas indiretamente sua importância se deve aos mesopotâmios.

L'HISTOIRE: Os senhores também falaram dos gregos.

JEAN BOTTÉRO: Encontramos, como eu disse, nas obras de Hesíodo e dos filósofos jônicos — que se tornarão o substrato do pensamento da Grécia clássica — vários temas nascidos entre o Tigre e o Eufrates. O que nada tem de surpreendente: a Grécia está na periferia dessa grande potência.

Os jônicos lhe tomam, pois, uma parte ampla de cosmogonia, em particular a ideia de uma matéria que se desenvolve constantemente. Como os mesopotâmios, eles não consideram o problema da Criação e do nada, próprio dos mono-teístas de Israel. No entanto, a partir desses empréstimos, seguirão um caminho pouco explorado pelos babilônios. Desenvolvem uma dimensão "científica" ou "racional" da qual os mesopotâmios oferecem apenas o esboço. Com os gregos, a mitologia babilônica se transforma, pouco a pou-co, em uma filosofia. A mitologia explica, de fato, as coisas por meio do verossímil, mas não do verdadeiro; ao passo que a filosofia busca o verdadeiro.

L'HISTOIRE: O senhor poderia especificar?
JEAN BOTTÉRO: Com a invenção da escrita, os mesopo-tâmios conservaram o sentimento de que o mundo pode ser decifrado à maneira de uma escrita, e que é possível tudo interpretar. Eles ignoram o conceito e as leis abstratas, uni-versais, de que os gregos se farão os virtuoses, mas estabele-cem um sistema de interpretação sem o qual o saber grego não poderia ter se organizado.

O mundo, segundo eles, foi modelado pelos deuses a par-tir de uma matéria preexistente única. Os deuses asseguram de algum modo a gestão desse grande corpo. Decidem, por isso mesmo, sobre nosso destino. Esse destino que os sábios da Babilônia leem e decifram nos "signos" das coisas: seus infinitos aspectos inesperados, insólitos, anormais — mais de cem parágrafos de um "tratado" divinatório de "Fisiog-nomia", que lê o futuro do interessado por meio das parti-cularidades da apresentação de sua pessoa e de seu caráter, são dedicados apenas às singularidades de sua cabeleira! Uma lógica como essa não está muito distante daquela que ligava, na escrita primitiva, o pictograma ao objeto "real" quando, progressivamente, o signo se separou da coisa representada,

NO COMEÇO, OS SUMÉRIOS

pois os babilônios sempre observaram com atenção os pro-
dígios e o comentário que, conforme acreditavam, faziam
deles fatos concomitantes. Um carneiro de cinco patas vem
ao mundo: certo personagem morre de uma doença. Ocorre
um eclipse: determinada catástrofe política advém. Os deuses, visivelmente, se traem ou se manifestam, assim, por meio
de ideogramas materiais que devem ser decodificados, e que
atestam uma espécie de linguagem diurna de lógica divina.
Os sonhos, é claro, desempenham aí um papel importante.

De tanto observar e calcular, esses incansáveis compila-
dores nos deixaram pilhas de textos que são catálogos de
indícios e de suas "consequências". Cobrem todos os domínios da divinação: a astrologia, a fisiognomia, os nascimen-
tos estranhos, os mais variados aspectos da vida cotidiana...
Pudemos encontrar até mesmo na Etrúria fígados de bronze
ou de argila, imitados dos que se faziam na Babilônia e utilizados para a aruspicação, "ciência" que lia o futuro a partir
do exame das entranhas dos animais sacrificados, e que terá
um grande papel entre os romanos. Da mesma maneira, temos hoje certeza da influência direta da Mesopotâmia sobre
a astrologia da Índia. O que significa afirmar a importância
dessa especialidade mesopotâmica.

É claro que essas compilações nos parecem fastidiosas.
Possuímos muito mais delas do que cantos ou epopeias. Mas
seu exame nos informa sobre a mentalidade desses homens.
Eles estabelecem, em geral, relações altamente incertas, na
maioria das vezes, aos nossos olhos, falsas. Manifestam, porém, um esboço significativo de espírito racional, um certo
método pré-científico. Assim, por exemplo, os autores de
tratados registram, entre os fatos dignos de interpretação, o
nascimento de gêmeos, e até de trigêmeos. Preocupados, con-

tudo, em prever outros sinais, não observados, chegam aos heptagêmeos, octagêmeos e nonagêmeos! Da mesma maneira, depois de constatarem a presença, raríssima, de duas vesículas biliares no fígado das vítimas, sistematizam até três, cinco ou sete vesículas por fígado! Além do constatável e preocupados com o universal, querem ir até o "possível".

Isso nos revela um trabalho interessante. Os sábios da Babilônia tentam extrapolar, definir regras de probabilidade, submetidas a uma racionalidade universal. Não lhes será, porém, facultado dar o "salto" que será dado pelos gregos. Sem eles, contudo, os gregos teriam sido privados de um material considerável.

L'HISTOIRE: Existe, ao lado da religião e da ciência, uma política da Babilônia?

JEAN BOTTÉRO: Encontra-se, é claro, uma vida política e jurídica riquíssima na Mesopotâmia. Ao contrário dos gregos e depois dos romanos, contudo, essa cultura jamais gerou um projeto universal. A Mesopotâmia se contenta, com efeito, em organizar o mundo divino com base no modelo hierárquico e centralizado da cidade real. Mas não é por isso que concebe uma teoria "mundial" suscetível de ser exportada para outras culturas. A grande ideia imperial de Alexandre, e posteriormente de César, permanece-lhe completamente estranha. Quando esse povo faz a guerra, trata-se sempre de operações de tipo comercial, de predação, de vantagens econômicas. Encontram-se nesse domínio, como em outros, alguns textos violentos, impregnados de militarismo, mas reconhecemos nisso a clássica exaltação da força e do "heroísmo". Aí, também, não há projeto amplo.

Entre o Tigre e o Eufrates, cada cidade, quando anexa outra, limita-se a digerir o panteão do vencido. Estamos aqui verdadeiramente em um universo concêntrico, gerando com dinamismo seus indispensáveis contatos comerciais. Como a maioria das culturas da época, a Mesopotâmia se contenta com uma certa maneira de estar no centro de seu mundo, sem colocar para si a questão dos "outros" e da humanidade em geral. Essa será a questão do mundo greco-romano, de um lado, e a do monoteísmo judaico, de outro. Mas minha intenção era mostrar como esses dois grandes pilares do Ocidente moderno tinham sólidas bases entre os dois rios.

Entrevista concedida a
Jean-Maurice de Montremy

CAPÍTULO II # Mesopotâmia: aventura de uma descoberta*

---

*Este artigo foi publicado na revista *L'Histoire* n° 194, pp. 48-55.

Aconteceu de plácidos historiadores viverem, sem deixar seu escritório, uma aventura comparável às de historiadores intrépidos que, depois de muitas tempestades, teriam, em alguma margem obscura, abordado uma região vasta e efervescente, até então desconhecida e insuspeita, mas da qual um vago pressentimento os levara a prosseguir em suas pesquisas um pouco insanas. É o caso da redescoberta da antiga Mesopotâmia, esse vasto continente cultural, desaparecido após trinta séculos de brilho, e então petrificado em um esquecimento de dois milênios.

Tudo começou nos primeiros anos do século XIX, vinte anos *antes* de outro êxito notável: a decifração dos hieróglifos egípcios, chave dessa prodigiosa caverna de Ali Babá que, desde então, o antigo país dos faraós revelou ser. No rastro dos relatos de viajantes, surgiram, nas décadas anteriores, questões acerca desses longínquos territórios, para além do Grande Deserto sírio-árabe, dos quais nada se sabia a não ser alguns conhecimentos rudimentares, retidos pelos historiadores gregos e principalmente pelos relatos da Bíblia: Babel e sua torre gigantesca; os implacáveis assírios, anatematizados pelos profetas... Desses austeros campos de ruínas, viajantes haviam então trazido alguns tijolos e plaquetas de argila, ornadas de

NO COMEÇO ERAM OS DEUSES

estranhas ranhuras, como um recamo de pregos. Os mais impressionantes desses anfiguris foram identificados na região para além do Eufrates e do Tigre, no sudoeste da Pérsia, e em particular no entorno de Persépolis, antiga capital em ruínas, enorme caos de escombros: soberbas falésias verticais, cheias de sepulturas, haviam sido gravadas com esses mesmos sinais, em três colunas paralelas, às vezes espaçadas, às vezes não. Tratava-se evidentemente de uma escrita. O que estava por trás dela? Tudo começou com essa interrogação: o espanto é o primeiro passo do saber!

Ao dirigir um olhar mais atento para esses traçados enigmáticos, um ou dois pesquisadores daquele tempo compreenderam que os textos assim entalhados na rocha representavam, na verdade, três escritas diferentes. Claviformes, seus caracteres mudavam de desenho de uma coluna para outra: e se a "primeira" não contava mais do que quarenta caracteres, a "segunda" chegava à centena, e a "terceira", a mais abracadabrante, a meio milhar! Como violar uma cidadela tão inexpugnável?

Champollion, por sua vez, teria seu golpe de sorte, com a "pedra de Roseta": uma inscrição sobre a qual o texto em hieróglifos problemáticos se encontrava duplicado por uma versão inteligível em grego, que notificava de saída o que devia estar contido no misterioso paralelo. E era dali que ele partiria para publicar, entre 1822 e 1824, seu luminoso *Précis du système hiéroglyphique* (Compêndio do sistema hieroglífico). Quanto àquela outra escrita sibilina que, diante dos pregos e dos cunhas de que se constituía, seria chamada de cuneiforme, estava-se, era claro, em presença de três versões paralelas de maneira verossímil, mas completamente herméticas e inutilizáveis.

Foi então que, desde 1802, em Göttingen, Georg Friedrich Grotefend, jovem professor de latim, obstinou-se a dominar essas garatujas aparentemente invencíveis. Das "três escritas persepolitanas", cada uma em sua coluna e correspondendo a uma língua diferente, escolheu sabiamente, para atacar em primeiro lugar, a "primeira", a mais simples com seus quarenta caracteres, e as inscrições mais curtas, de três ou quatro linhas, talvez menos árduas de dominar. Para "entrar" naqueles documentos, que não sabia articular e dos quais ignorava a linguagem e o conteúdo, precisava de algo que conhecesse de outro lugar e que teria chance de reencontrar ali: nomes próprios, uma vez que, de um idioma a outro, eles em geral não mudam muito.

DECIFRAR A LÍNGUA DE XERXES

Grotefend aceitaria a hipótese, já estabelecida e razoável, que atribuía essas inscrições, talhadas com muito esforço em falésias inacessíveis em torno de soberbas tumbas rupestres, aos soberanos a um só tempo mais antigos, poderosos e famosos do país, que o haviam tirado do nada, fazendo dele — por dois séculos, em torno de 550 antes de nossa era — o auge de um faustuoso império: os aquemênidas, dos quais os gregos tinham preservado um pouco do renome e os nomes próprios — Ciro, o Grande, e seus descendentes: Cambises, Dario, Xerxes, Artaxerxes... Mas como encontrar esses vocábulos entre as fileiras cerradas dos incompreensíveis cuneiformes?

Toda decifração supõe uma série de golpes de sorte e de hipóteses: alguns desses elementos enganam e devem ser eliminados; outros, por sorte, são fecundos. Ignoramos quantos deles inicialmente desviaram Grotefend, mas o fato é que ele acabou — a que preço? — caindo no caminho certo. Primeiro, ao presumir que aquelas curtas linhas podiam representar apenas tipos de "protocolos", conhecidos no país em uma época mais recente, por meio dos quais o soberano que reinava se oferecia, sem mais, ao respeito e à admiração dos outros simplesmente recordando a todos seu nome, seu título e sua ascendência, que o legitimavam — algo como: "*Sou eu*, Fulano, *o rei*, *filho de* Fulano, *rei...*"

Nesse âmbito, ele pensou que para ter alguma chance de localizar os nomes dos reis aquemênidas autores das inscrições, bastava pôr à parte, naquela selva gráfica impenetrável, os grupos ali e acolá identicamente reiterados, que podiam muito bem designar a pessoa do rei ("eu"), seu título ("rei") e sua ascendência ("filho de"), e os grupos não repetidos, atrás dos quais é possível que se ocultassem os nomes próprios. Para reconhecê-los, devia-se levar em conta, de um lado, sua sequência histórica — em uma inscrição de Xerxes, o nome de Dario, seu pai, estaria forçosamente em segundo lugar, substituído pelo de Xerxes em uma inscrição do filho deste, Artaxerxes — e, de outro lado, seus componentes fonéticos e, portanto, gráficos, repetidos no mesmo grupo (os dois x de Xerxes), ou em outro (o r de Xerxes e de Dario).

Assim, o astuto e obstinado Grotefend conseguiu circunscrever três ou quatro nomes próprios e adivinhar, pelo menos, o teor dos breves "protocolos" que os acompanhavam: "Sou eu, Xerxes, o grande rei, o rei dos reis, o filho de Dario, rei." Foi assim que ele dominou o valor fonético dessa dezena de signos cuneiformes correspondentes.

Esse modesto pecúlio devia permitir-lhe aventurar-se mais longe, fornecendo-lhe, por meio do uso dos caracteres já identificados, a leitura, se não completa, ao menos esboçada, dos "substantivos comuns" que podiam referir a pessoa, a filiação e a alcunha do monarca. Ora, os termos que ele podia assim soletrar evocavam o mais antigo vocabulário da língua iraniana, conhecido através da *Avesta*, conjunto conservado dos livros sagrados da antiga religião local. Era, portanto, quase certo — e o que veio depois devia confirmá-lo amplamente — que, sob a "primeira escrita persepolitana", estava-se de fato lidando (o que, em suma, não era inesperado!) com o próprio idioma dos soberanos do país: o "velho-persa", como dizemos, de cepa "indo-europeia", não muito distante dos dialetos do grupo indiano dessa conhecida família das línguas "indo-europeias", e, por isso, passível de ser reconstituído e de fácil compreensão.

Na formidável parede, lisa e monolítica, que encerrava sem esperança o segredo das escritas cuneiformes, o audacioso latinista havia, pois, conseguido abrir uma modesta brecha, com a qual ninguém antes dele poderia ter sonhado: ele havia abordado a margem desconhecida, mostrado o caminho, e demonstrado que era possível avançar. Mas não devia ir muito mais longe, desconcertado, talvez, pela acolhida glacial que deram às suas descobertas os grosseiros senhores da Sociedade Real das Ciências de Göttingen, a quem as havia participado...

Ora, restava muito a ser feito, como se quisesse obter o que devia ser dado de saída, por sorte, a Champollion: uma versão completa, inteligível — a base mais segura para atacar e esperar tirar a limpo as duas outras "escritas". Era preciso determinar o valor — o valor, não aproximativo, mas

NO COMEÇO ERAM OS DEUSES

foneticamente exato — de cada um dos quarenta signos; ler com precisão o teor integral daquela "*escrita*"; compreendê-la inteiramente, antes de enfrentar a "segunda" e a "terceira".

TRÊS ESCRITAS POR UM REINO

De fato, as coisas não se passaram nessa ordem, como teria preconizado a lógica. O próprio Grotefend, à medida que avançava na penetração de suas modestas legendas, não cessava de reportar-se, em uma reflexão comparativa, a seus paralelos nas duas outras "escritas", a fim de nelas destacar, na maioria das vezes por contraste, as particularidades mais significativas — primeira etapa circunspecta de sua decifração.

Assim se procederia depois dele, pois outros, com o apetite aberto por seu êxito, retomariam com alegria sua chama — uma dezena de grandes nomes: Rask, Münter, Silvestre de Sacy, Rich, Hincks, Norris, Talbot, Oppert, Rawlinson... Espíritos também aguçados, aventureiros, penetrantes, de indesmontável paciência, e cujas deduções incisivas fariam avançar a decifração, providencialmente socorridos pela descoberta e pela exploração de novas inscrições. Uma delas, sobretudo, gravada sob a ordem de Dario, a cem metros de altura, em uma enorme falésia de Behistun, na Pérsia ocidental, e que, em mais de quatrocentas linhas apenas da "primeira escrita", lançava ao debate uma torrente de nomes próprios — de países, cidades, localidades — conhecidos de outros lugares e que contribuíam, dessa maneira, para estabelecer, verificar, precisar o valor fonético exato dos signos cada vez mais numerosos, e o sistema de cada escrita, para avançar na leitura das três colunas e na inteligência das línguas que ali se ocultavam.

Feito de correções, críticas, melhorias, polêmicas, descobertas, passo a passo mas ininterruptas, esse trabalho de reflexão, de gabinete e de cérebro, que podemos sem exagero, ao considerá-lo como um todo, qualificar de ciclópico e estupeficante ao mesmo tempo, devia prosseguir por um bom meio século...

Resumamos aqui seus resultados, para permitir que se avalie concretamente seu excepcional êxito, desde os tímidos tateios e geniais suputações de Grotefend.

A "primeira" das "escritas cuneiformes de Persépolis" revelou-se uma espécie de "alfabeto", bastante particular, que anotava o "velho-persa", a língua do país: o mais antigo estado, até então desconhecido, do ramo iraniano do indo-europeu. Ele figurava em "primeiro" lugar nas inscrições dos aquemênidas, porque era o idioma do coração, persa, do império e de seu soberano: este tinha, portanto, o dever de enaltecê-lo como tal. É praticamente nossa única fonte autóctone e contemporânea de conhecimento do Irã aquemênida, e, desde então, nada mais descobrimos que permitisse completar a documentação que ela nos oferece.

A "segunda escrita", na qual cada signo correspondia, normalmente, não a um som, a um fonema isolado (*b*, *g*, *s* etc.), mas a uma sílaba pronunciável (*ba*, *ib*, *kur* etc.), recobria um idioma também até então desconhecido e que, depois, ninguém conseguiu relacionar seriamente a nenhuma língua ou família, o que nos deixa apenas com uma apreensão longe de ser perfeita. Ele foi chamado de elamita, pois era a linguagem própria da região do sudoeste do Irã, que tinha o nome de Elam, por muito tempo um reino independente e próspero, com sua cultura original, e cuja linguagem os soberanos aquemênidas quiseram, pelo fato de o terem conquistado e agregado a seu império, preservar e utilizar em suas instruções oficiais, mas em segundo lugar. Recuperamos, desde então, um número relativamente grande de documentos, exumados, dessa vez de seu próprio solo natal, e cobrindo vários séculos: mas são demasiado lacônicos e variados ou, devido à ausência de paralelos em outra linguagem inteligível, demasiado obscuros e ainda praticamente mudos, o que impede que se avance em sua exploração...

Restava a "terceira escrita", a mais estupeficante, extraordinariamente complicada, com seu meio milhar de caracteres. Cada um deles, de acordo com seu contexto, podia remeter foneticamente a uma e, com frequência, a várias sílabas diferentes (o mesmo caractere podendo ser lido como *du*, *gub*, *gin*...); ou empregado como ideograma a uma e até mesmo a várias realidades mais ou menos conexas (o mesmo caractere interpretado como "marcha", "transporte", "posição de pé"...), com o incômodo suplementar de que o mesmo valor silábico podia ser dado, foneticamente, por signos diferentes e sem a menor relação formal entre si. Foi preciso muito tempo, e muitas dores de cabeça, para reconstituir seu estranho mecanismo, e não foi difícil se convencer de que, sendo tão sofisticado, devia estar no final de uma longa e labiríntica história, que hoje está recuperada e compreendida.

Mas o que impressionava, de saída, e conferia a essa "terceira escrita" uma excepcional importância era o fato de que, tanto pela apresentação material dos caracteres, por seu desenho, quanto pela complexidade do sistema usado, ela era totalmente idêntica àquela que já fora notada e de que se descobriam cada vez mais testemunhos: tijolos e plaquetas de argila inscritas, provenientes do solo da própria Mesopotâmia. Era, portanto, a escrita original desse país. E os soberanos persas que, em 539 a.C., haviam anexado o rico, poderoso e famoso reino babilônico, joia de seu império, adotaram também a escrita e a língua desse reino para a "terceira coluna" de suas inscrições oficiais. Foi por isso que elas foram encontradas em pleno coração da Pérsia.

UMA CIÊNCIA NOVA: A ASSIRIOLOGIA

Ao mesmo tempo que se desvendavam e dissecavam essas garatujas, logo se tomava consciência de que a língua deles, até então também completamente desconhecida, assim como sua inverossímil escrita, aparentava-se de perto a outros idiomas correntes no Oriente Médio, moderno, mas também antigo: o hebraico, o aramaico, o árabe..., todos ligados à família "semítica", como o "velho-persa" da família "indo-europeia". Isso facilitava sua leitura, compreensão e reconstituição.

Rapidamente, a maioria dos decifradores concentrou seus esforços e sua atenção nessa língua, pelo fato de que se essa região, decadente e em parte desertificada entre o Tigre e o Eufrates, há séculos fora perdida de vista e havia desaparecido da memória, várias lembranças levavam de volta a ela, registradas particularmente na Bíblia e quase familiares a todos. Sabia-se que, aproximadamente um século antes da queda e da tomada de Jerusalém pelo célebre rei da Babilônia, Nabucodonosor (em 597 a.C.), os terríveis assírios de Nínive

NO COMEÇO ERAM OS DEUSES

haviam atacado o reino israelita do norte, arruinando-o finalmente em 701 a.C. Pensava-se, pois, com os documentos cuneiformes em pleno processo de decifração, ter-se reencontrado aquela época "assíria" a que se limitava então o horizonte histórico da Mesopotâmia. Foi por isso que se deu à nova disciplina que se organizava em torno do dossiê mesopotâmico o nome de *assiriologia*, como que para sublinhar o tempo mais recuado, que se pensava ter atingido, do passado desse velho país. Vamos ver o quanto se estava longe dos fatos...

De toda maneira, diante do rumor, cada vez mais insistente, de que se estavam vencendo os segredos daqueles textos até então herméticos, interesse e curiosidade foram sendo despertados em relação àquela Mesopotâmia desaparecida, da qual se evocava o quanto fora famosa durante muito tempo, por suas batalhas, suas conquistas, seus triunfos, seus êxitos e seu brilho e pela extraordinária reputação de suas capitais — da Babilônia, sobretudo —, que impressionava ainda pela extravagante complexidade de sua escrita.

A *união sagrada dos historiadores europeus*

Foi neste ponto que, desde 1842, Émile Botta, cônsul da França em Mossul, começou a vasculhar um canto do sítio vizinho de Nínive, tendo sido logo imitado, na mesma região e até mesmo no sul, por outro diplomata, um inglês, S. H. Layard. Ambos estavam, com razão, convencidos de que aquele velho solo servia de mortalha a inúmeras relíquias e testemunhos da antiquíssima história de um país que começava a ressurgir da terra, em uma exploração paralela a dos infatigáveis decifradores.

MESOPOTÂMIA: AVENTURA DE UMA DESCOBERTA

Mas era preciso, sem demora, poder avaliar a eficácia desse trabalho de decifração, que, na metade do século e após 50 anos de esforços, acuidade, paciência, inteligência — e sorte! —, um punhado de eruditos pretendia ter levado a cabo, no que tangia tanto ao sistema da escrita quanto ao da língua. Assim, em 1857, os membros da Royal Asiatic Society, de Londres, quiseram ter clareza a esse respeito. Tiveram então a ideia de submeter a um teste os decifradores mais reputados.

Acabara de ser retirada do solo, em outro sítio arqueologicamente promissor, 100 quilômetros ao sul de Nínive, uma enorme tabuleta de argila, intacta, que trazia, em cerca de oitocentas linhas, uma volumosa escrita cuneiforme. Várias cópias do texto foram feitas e submetidas, ao mesmo tempo, a três eruditos ingleses, Rawlinson, Hincks e Talbot, e a um francês, Oppert, pedindo-lhes que o lessem, estudassem e traduzissem, cada um por sua conta e sem comunicar-se com os outros. Ao fim de um mês, a Royal Asiatic Society estava informada, e o mundo científico podia dormir tranquilo: exceto por pequenos detalhes, as quatro traduções eram praticamente idênticas. Prova de que, ao custo de meio século de labores e tribulações, a estreita fenda aberta por Grotefend no grande muro sem falhas que guardava o segredo dos impenetráveis escritos cuneiformes havia minado e arruinado essa fortaleza, abrindo a cidadela a todas as curiosidades.

Tratava-se, no conjunto, de um êxito miraculoso, totalmente inesperado, e do coroamento de uma longa e exultante aventura, a que não tinham faltado temeridades, teimosia, decepções e alegrias comuns aos grandes exploradores, mentes obstinadas, descobridores de longínquos ter-

41

NO COMEÇO ERAM OS DEUSES

ritórios, inacessíveis e perigosos, e que, no entanto, dessa vez, haviam sido substituídos por um quinhão de eruditos imóveis, meditativos, céticos, e que, antes circunspectos e pouco inclinados a abandonarem a calma de seu escritório, não se deixavam ludibriar.

Como se o próprio destino tivesse desejado ratificar a importância e o brilho desse êxito, um golpe de sorte extraordinário, nos anos de 1870 a 1872, rapidamente pôs diante de um dos primeiros assiriologistas, George Smith, uma tabuleta na qual este leu, estupefato, um relato do Dilúvio, anterior, mas idêntico ao da Bíblia para que a dependência ideológica e literária desta saltasse aos olhos. Ela se valera, portanto, dele e, a partir daí, não se podia mais considerá-la, como até então se pensara, isolada em uma espécie de intemporalidade sobrenatural: ela estava imersa em uma vasta tradição de pensamento, imaginação e trabalho de escrita, anterior e estranha a ela. Até mesmo nesse domínio de nossa curiosidade e saber, a Mesopotâmia recém-descoberta não demoraria a nos fornecer inúmeras outras luzes, com frequência oblíquas, mas poderosas e indispensáveis para compreender e julgar não apenas a Bíblia, como também as fontes e a longa edificação antiga de nossa cultura.

Uma vez tendo a chave da caixa-forte em mãos, há 150 anos que não cessamos de colher seus frutos, dela retirando, inventariando, examinando e estudando os inumeráveis tesouros, no duplo departamento dos *monumentos* — fabricados e que constituem o objeto próprio da pesquisa dos arqueólogos — e dos *documentos* — escritos e reservados aos filólogos especializados, os assiriólogos.

No rastro de Botta e Layard, e atiçados pela riqueza e pelo inesperado de suas descobertas, não menos que pelo desejo crescente de reunir ao máximo os vestígios materiais abandonados ao tempo por aqueles antigos mortos, os arqueólogos não pararam de revirar metodicamente a venerável terra, como um imenso livro cujas pesadas páginas, repletas de informações, e com frequência, de maravilhas, iam virando, uma após a outra. Depois dos franceses e ingleses, vieram, com o tempo, os americanos, alemães, e tantos outros, de toda parte, inclusive os próprios iraquianos, preocupados em participar dessa vasta exploração de seu passado mais antigo.

DESCOBRINDO PALÁCIOS DESAPARECIDOS

Às áreas delimitadas, em parte escolhidas primeiro por seu prestígio — palácios e residências reais —, seguiram-se projetos mais sistemáticos e ambiciosos, que englobavam cidades inteiras, às vezes enormes: Girsu-Lagash, Nippur, Uruk, Ur, Babilônia, Assur, Nínive... Depois passaram a interessar os sítios "provinciais", mais modestos, escavados mais profunda e frequentemente em relação a todo um território ao redor, no intuito de extrair visões mais amplas e primordiais.

Esses trabalhos acompanharam os progressos — consideráveis, em menos de um século! — da própria arqueologia. De simples pesquisa dos antigos, comandada pelo "entusiasmo pelas ruínas", alçou-se pouco a pouco à dimensão de uma verdadeira disciplina histórica, mais deliberadamente rigorosa, recorrendo a todos os saberes e a todas as técnicas, no intuito de tratar seus achados não mais como simples *objetos*, mas como *testemunhos* de um passado, interrogando-os de maneira meticulosa, para extrair o que guardam em si, secretamente, daquele tempo do qual nos chegam: sua datação; as origens, às vezes longínquas, de seus elementos; as condições de sua confecção; os procedimentos e o ofício de seus artesãos; suas relações com outros monumentos, outros sítios, outros meios...

Foi inicialmente por meio da pesquisa arqueológica que se ultrapassou, sem muita demora, a fase "assíria" do começo da assiriologia, para descer um número cada vez maior de degraus dessa escada do tempo, que mergulha em um passado cada vez mais obscuro: abordando sucessivamente o segundo milênio antes de nossa era, depois o terceiro, menos transparente, e o quarto, ainda menos, quando apareceram as primeiras concentrações urbanas; e, para baixo, mais vaporosa e obscura, a era dos frágeis vilarejos dispersos, autônomos e autárquicos, multiplicados na proporção da drenagem do território que a princípio fora apenas, e por muito tempo — até os quarto e quinto milênios a.C. —, o leito imenso de um único e enorme rio.

Os monumentos, como tais, são mudos, e o que tiramos deles permanece mergulhado em um claro-escuro frequentemente bastante ambíguo. Não saberíamos, na verdade, grande coisa da história e da civilização mesopotâmicas se os arqueólogos tivessem sido os únicos a se ocupar delas — o que é, de toda maneira, o caso para o período anterior ao início do terceiro milênio a.C. Entretanto, a partir dessa época, que é a da "invenção", no país, da escrita, eles também não pararam de retirar, do solo que escavavam, documentos. Nesse país de lodo, onde a argila era onipresente, os habitantes a utilizaram incessantemente, e cada vez mais, como suporte dos signos de sua escrita, de início realistas, e depois, em poucos séculos, cuneiformizados. A cada escavação, aquém da borda do terceiro milênio, encontra-se, portanto, com regularidade uma imensa quantidade de tabuletas (cujo material é ao mesmo tempo resistente e friável: assim elas só chegam a nós, na maioria das vezes, em fragmentos, mais ou menos degradadas), cobertas de uma escrita que — graças a Grotefend e a seus herdeiros! — sabemos ler, compreender, e da qual podemos extrair todos os detalhes prodigiosos que a língua, diferentemente da mão, permitiu transmitir.

Há 150 anos abriu-se a exploração arqueológica no Iraque e nos países vizinhos; tirou-se, então, de sua longa catalepsia subterrânea, cerca de meio milhão daqueles insubstituíveis documentos, portadores de inúmeras precisões, relativas não apenas à movimentada história do país, triplamente milenar, como também às múltiplas facetas de sua refinada, complexa e inteligente civilização. É claro que não sabemos tudo sobre ela, longe disso; antes de chegar a nós, aquelas tabuletas passaram por um triplo acaso que lhes filtrou a massa: o da escrita, o da conservação e o da descoberta. Por isso, regiões, localidades, épocas, áreas culturais inteiras nos escapam por completo ou quase. Mas não é o que se espera de um país tão antigo e cujos contemporâneos, privados da escrita e de documentos a um só tempo conservados e inteligíveis, permanecem mergulhados no nada?

UM IMENSO AFRESCO DA VIDA DO PAÍS

Nossos arquivos cuneiformes ao menos nos permitiram explorar e percorrer, em todos os sentidos, esse venerável universo cultural, apagado da memória humana. Aprendemos a conhecer seus povos e suas linguagens, tendo aí descoberto, no decorrer de uma nova "aventura histórica" quase tão árdua e exemplar quanto a primeira — contada anteriormente —, a presença arcaica e o papel essencial de uma população heterogênea cujo dialeto (o "sumério") era tão diferente do acádio (como dizemos hoje; antes dizia-se "assírio") semítico quanto o chinês do francês. Reconstituímos, não sem dificuldade, a gramática e o vocabulário desses dois idiomas disparatados e desaparecidos da memória humana, tornando-nos, assim, capazes não apenas de ler, mas de compreender a totalidade da documentação cuneiforme que foi aos poucos ressurgindo da terra. Redigida na maior parte das vezes em sumério até aproximadamente o fim do terceiro milênio a.C., o acádio passa em seguida a prevalecer, embora o sumério continue até o fim como o idioma erudito, culto e religioso, um pouco como, entre nós, o latim até a Renascença.

Oitenta por cento desse amontoado desmedido de peças de arquivo (que aumenta a cada nova escavação) não ultrapassam as fronteiras do que podemos chamar de "escritos ocasionais", cujo interesse era, na maior parte dos casos, efêmero. Mas a variedade e a massa deles são tamanhas que foi possível extrair um imenso afresco da vida do país (revisto, ampliado, corrigido, precisado, na medida das descobertas e dos estudos novos), um afresco político, social, administrativo, econômico e jurídico: enumerações de pessoal; inventários de bens e estoques; balanços periódicos; transferências de mercadorias

MESOPOTÂMIA: AVENTURA DE UMA DESCOBERTA

e de bens imóveis; listas de casamento; testamentos; contratos de toda espécie, de compra e venda, de empréstimo e depósito, de casamento, adoção, aleitamento ou educação; cartas oficiais e privadas, na maioria das vezes de negócios ou sobre assuntos de governo; regulamentações, éditos e decisões do poder central; documentos de política interna ou estrangeira; tratados internacionais; autos de julgamentos, assim como marcas de propriedade e inscrições comemorativas ou dedicatórias... Uma enumeração tão rápida e morna deveria ao menos deixar pressentir a incrível riqueza que podem propiciar aos historiadores dossiês tão vastos e, acima de tudo, exploráveis.

Ainda mais rica e promissora de dados capitais é a parte restante, que reúne o que chamaríamos de "literatura" propriamente dita, o conjunto das obras compostas não para responder a uma necessidade imediata ou transitória, mas com vistas a uma certa difusão, no local e no tempo, e que revela muito mais do que a vida material de um povo: seu pensamento e seu coração. Foi na Mesopotâmia, datável do segundo quarto do terceiro milênio a.C., que se encontrou o mais antigo conjunto literário conhecido no mundo: sua tradição é, portanto, arcaica, e persistiu até pouco antes do momento em que, nas proximidades de nossa era, esse venerável país e sua augusta e impressionante cultura desapareceram para sempre.

Obras-primas teológicas

É preciso incluir aqui — para destacar, em primeiro lugar, o domínio, então crucial e tentacular, da religião — inúmeras narrativas mitológicas, entre as quais algumas como o famoso *Poema do Supersábio*, são obras-primas imortais de pensamento e de expressão; hinos e orações, do culto oficial

NO COMEÇO ERAM OS DEUSES

ou de interesse privado; textos mais diretamente "teológicos", como as listas hierarquizadas de deuses com seus "nomes", ou as discussões de problemas a respeito deles; rituais infinitos e meticulosos da liturgia, do exorcismo ou da magia... Todo um amplo setor dessa literatura era reservado ao que chamaríamos, com espessas aspas, de historiografia: a narrativa, por vezes folclórica, das proezas, civis ou militares, dos soberanos ou dos heróis; a ordenação de suas dinastias e de seus reinos e anos de reinado. Incluem-se igualmente aqui lendas, epopeias como essa outra obra-prima universal que é *A epopeia de Gilgamesh*. Em meio ao que somos tentados a qualificar como "belas-letras", escritas pelo prazer, encontram-se retratos, sátiras, diálogos, polêmicas, panfletos, curtas "fábulas" e vastas seleções de "provérbios" e de "instruções de um pai para seu filho", e até mesmo algumas peças que poríamos do lado da "poesia pura". Uma ampla seção recobre, enfim, diríamos, as "ciências e técnicas": "tratados" de jurisprudência; de divinação e astrologia; de aritmética e matemática; de medicina, tanto clínica quanto terapêutica; de gramática, até mesmo de "gramática comparada": sumério-acadiana; dicionários e enciclopédias, para classificar o vocabulário, mas também, para além das palavras, as coisas e as realidades do mundo; comentários eruditos de obras antigas ou consideradas árduas... E, finalmente, espécies de manuais de agricultura, de criação de cavalos e hipiatria, de fabricação de vidro colorido, perfumes, tinturas, cerveja, e até longas receitas de uma cozinha refinada...

Para que concluir? Essa enumeração, embora seca e incompleta, permite entrever bastante bem o acúmulo de conhecimentos e informações de toda ordem que extraímos desses extraordinários arquivos de um grande povo antigo, inteligente, inventor, que desenvolveu, durante três milênios, uma civilização alta e notável, da qual, em parte, ainda vivemos. Pelo estabelecimento e pelo uso universalizado da escrita, ele soube deixar atrás de si referências suficientes para que nos fosse possível, após vinte séculos de esquecimento, dele descobrir, com estupor, painéis completos, cujo espetáculo ainda nos confunde não apenas pela admiração, mas também pela evidência de que temos ali, antes de nossos pais da Grécia e da Bíblia, nossos mais longínquos ancestrais identificáveis nas brumas do passado.

Se pudemos tirar esses arquivos de sua tumba e, com eles em mãos, fazê-los falar, decifrá-los, lê-los, relê-los, da mesma maneira que se explora uma floresta desconhecida, profunda e misteriosa, devemos isso à gloriosa aventura inesperada daquela plêiade de sábios pacíficos, lançada em sua trajetória inaudita pelo traço de gênio e de audácia do jovem latinista de Göttingen.

SEGUNDA PARTE **A mais antiga religião do mundo**

CAPÍTULO I **O mais antigo relato do Dilúvio***

---

*Este artigo foi publicado na revista *L'Histoire* n° 31, pp. 113-120.

Há 150 anos, foram trazidos de volta à luz, nos países que compunham o quadro geográfico, político e cultural dos antigos israelitas autores da Bíblia, não apenas cidades, palácios e templos, mas também antigas relíquias de altas civilizações e uma massa imponente de documentos escritos e decifráveis. A maior parte cabe aos antigos habitantes do Iraque moderno: sumérios, babilônios e assírios, inventores, aproximadamente 3000 antes de nossa era — dezessete séculos antes de Moisés —, da mais antiga escrita conhecida — meio milhão de plaquetas de argila sobre as quais imprimiam com cálamo seus pesados e insólitos cuneiformes. E, em meio a esses gigantescos arquivos, centenas de obras históricas, literárias, "científicas", religiosas, decifradas e estudadas pela exígua e quase secreta corporação dos assiriólogos.

Para quem sabe se fazer perguntas, o problema é saber se, diante de tão prodigiosa e inédita documentação que os historiadores continuam a arrancar de seus anfiguris, é possível ler a Bíblia "como antes", quando ela era considerada o mais antigo livro do mundo, o único que nos esclarecia sobre as primeiras idades do homem.

Foi no intuito de "mostrar o movimento em processo" e responder a essa questão, não por um aforismo, mas por uma demonstração e como um exercício de método, que se escolheu esse tema tão conhecido, tão discutido e talvez ainda tão enigmático do Dilúvio.

Isolado, inesperado, cheio de detalhes precisos e animados, inserido em um livro que supostamente preservava os mais antigos arquivos da história do mundo, o relato bíblico do Dilúvio (*Gênese* VI-VIII), assim como tantos outros de mesmo teor, foi por muito tempo considerado a narrativa de uma aventura absolutamente histórica. Deve-se acreditar que alguns ainda pensam assim, se levarmos em conta o rumor causado, há poucos anos, por uma expedição "científica" que partiu em busca, sobre um pico armênio, dos presumidos restos da famosa Arca à qual se haviam confiado Noé e seus animais.

Entretanto, esse relato não é de primeira mão nem poderia ser atribuído a uma "testemunha ocular", qualquer que fosse ela. Era possível imaginá-lo e hoje podemos sabê-lo, pois já faz mais de um século que os assiriólogos começaram a nos apresentar a prova disso. Foi, com efeito, em 2 de dezembro de 1872 que George Smith, um dos primeiros entre eles a ter decifrado e feito o inventário dos milhares de tabuletas cuneiformes da biblioteca de Assurbanipal encontradas em Nínive, anunciou ter descoberto uma narrativa passível de ser superposta à da Bíblia de maneira exata demais para que as coincidências fossem imputadas ao acaso. Esse relato, em cerca de duzentos versos, o mais completo que foi conservado até hoje na Mesopotâmia, formava o canto IX da célebre *Epopeia de Gilgamesh* (ver o quadro da página 57): este, em busca da imortalidade, foi até o fim do mundo para interrogar o herói do Dilúvio, e por ele veio a saber como, outrora, esse cataclismo havia ocorrido.

É verdade que a edição de *A epopeia de Gilgamesh*, atestada na biblioteca de Assurbanipal e datada aproximadamente, como esse soberano, do ano 650 antes de nossa era, não podia, por si mesma, ser anterior àquilo que os historiadores têm boas razões para considerar a mais antiga camada narrativa da Bíblia, que chamam de "documento javista" (século VIII a.C.) — ainda que se vejam poucos escritores e pensadores da altiva, brilhante e formidável Babilônia irem mendigar seus temas entre os israelitas...

A epopeia de Gilgamesh

A epopeia de Gilgamesh é certamente a peça mais célebre de toda a tradição literária babilônica. Em linguagem elevada e de grande fôlego, conta a heroica lenda de Gilgamesh, rei (em aproximadamente 2600 a.C.) da cidade meridional de Uruk, que, com seu amigo Enkidu, selvagem aculturado, buscou e conquistou a glória. Depois, diante do cadáver do companheiro, compreende repentinamente que nada tem valor se a morte deve um dia arrancar-nos tudo.

Então parte novamente, febril e corajoso, à custa de esforços sobre-humanos, em busca do meio de conservar a vida para sempre. Perto do fim, porém, fracassa...

A edição "original" mais conhecida e completa (cerca de dois terços) dessa obra-prima é a que foi encontrada na biblioteca do rei assírio Assurbanipal (668-627 a.C.), em doze tabuletas que continham de 200 a 300 versos cada uma. Esse rei tinha mandado reunir, em seu palácio em Nínive, cuidadosamente recopiada em cerca de 5.000 "tabuletas" (diríamos

NO COMEÇO ERAM OS DEUSES

"volumes"), a maior parte da ampla produção literária do país: tudo aquilo que, em seu tempo, acreditava-se digno de ser conservado e relido. Foi essa a biblioteca que, em 1852, e depois em 1872, Austen Henry Layard e Hormuzd Rassam descobriram em cerca de 25.000 pedaços. Ela foi em seguida transportada para o Museu Britânico de Londres. Trata-se, para os assiriólogos, de uma das fontes mais ricas e insubstituíveis de nosso conhecimento sobre o pensamento desse antigo país.

Um século de descobertas entre os inesgotáveis tesouros das tabuletas cuneiformes ao menos nos permitiu ver as coisas de maneira mais clara. Sabemos atualmente que se *A epopeia de Gilgamesh* tem por trás de si uma longuíssima história literária, que remonta a uma época muito anterior à dos tempos bíblicos — pelo menos a 2000 a.C. —, o relato do Dilúvio a princípio não fazia parte dela; foi inserido mais tarde, por volta de 1300 a.C., retomado de outra peça literária, na qual tinha um lugar orgânico: o *Poema do Supersábio* (*Atrahasis*).

O *Poema do Supersábio* é uma obra que por muito tempo foi pouco conhecida (apenas por alguns fragmentos esparsos), mas da qual uma série de achados felizes nos restituiu, há alguns anos, dois terços: cerca de 800 versos, mais do que o necessário para que se possa compreender seu sentido e alcance. Nossos mais antigos manuscritos são de 1650 antes de nossa era, e o poema deve ter sido composto pouco antes, na Babilônia. Ele não apenas contém "o mais antigo relato do Dilúvio" — o que nos permite fazer uma ideia melhor desse fenômeno tal como o "viram" e pensaram aqueles que fizeram com que ele interviesse em seus escritos —, como é

O MAIS ANTIGO RELATO DO DILÚVIO

também, pelo estilo e pelo pensamento, uma composição admirável, uma daquelas obras literárias arcaicas que, por seu porte, pela amplitude de sua visão e por seu fôlego, merecem ser conhecidas.

Ela começa no tempo em que o homem ainda não existia. Apenas os deuses ocupavam o universo, distribuídos, de acordo com a bipartição fundamental da economia da época e da região, entre produtores e consumidores — para fornecer à "aristocracia" dos Anunnaki meios de sobrevivência, uma "classe" inferior, os Igigi, trabalhava os campos: "A tarefa deles era considerável,/ Pesada era sua pena e sem fim seu tormento!"; ainda mais pelo fato de não serem, ao que parece, em número suficiente. Exaustos, ao fim das contas, lançam então o que chamaríamos de o primeiro movimento de greve, "Atirando ao fogo suas ferramentas,/ Queimando suas pás,/ Incendiando suas chaminés", indo a ponto de partir, em plena noite, para "cercar o palácio" de seu empregador e soberano, Enlil, que se propõem, em seu furor, a destronar. Eis o corpo dos Anunnaki em grande desordem e inquietação: como será possível subsistir se ninguém mais quer produzir os meios de sobrevivência? Reúne-se uma assembleia plenária, e Enlil se empenha em subjugar os revoltados. Mas estes proclamam-se decididos a ir até o fim: o trabalho deles é demasiadamente insuportável, e estão dispostos a tudo para não retomá-lo. Desnorteado, Enlil considera então a possibilidade de abdicar — confusão ainda mais temível pelo fato de introduzir anarquia e decomposição na sociedade divina.

É então que intervém Ea, aquele que, entre os maiores deuses, não representa, como Enlil, a autoridade e o "pulso", mas, conselheiro e "vizir" de Enlil, encarna a lucidez, a inteligência, a astúcia, a faculdade de adaptação e invenção, o domínio das técnicas. Para substituir os Igigi recalcitrantes, Ea propõe preparar um sucedâneo, calculado "Para suportar o trabalho imposto por Enlil,/ E assumir a corveia dos deuses": será o homem.

OS DEUSES, IMPORTUNADOS PELOS HOMENS

Não se trata de uma ideia no ar: Ea extrai dela um plano sutil e preciso, que expõe. O homem será feito de argila — matéria onipresente no país —, essa terra a que ele deverá retornar ao morrer. Contudo, para conservar algo daqueles que precisará substituir e servir, seu gládio será umedecido com o sangue de um deus de segunda categoria, imolado para a circunstância. A assembleia aplaude um projeto tão vantajoso e sábio, e sua execução é confiada, sob as diretrizes de Ea, à "parteira dos deuses: a sábia Mami". Ela prepara o protótipo, que é em seguida realizado por várias deusas-mães em 14 exemplares: sete machos e sete fêmeas, os primeiros "pais" da humanidade.

A sábia Mami realiza seu ofício com perfeição e prospera tanto que, "uma vez que as populações se multiplicam ao extremo" e que "o rumor delas se torna semelhante ao mugido dos bois", os deuses se sentem incomodados em sua vida pacífica e despreocupada, a ponto de "perderem o sono". Para pôr fim a esse alarido, Enlil, impetuoso e chegado a soluções extremas, assume a responsabilidade de dizimar os homens por meio da Epidemia. Mas Ea, racional e consciente do risco de uma redução demasiadamente grande do número de homens, que seria catastrófica para os deuses, adverte Atrahasis, o Supersábio — alcunha de um alto personagem desse mundo, que tem sua confiança e goza de grande autoridade sobre a população humana. Ea mostra a ele como esta última poderá eliminar o flagelo: bastará que desvie todas as oferendas alimentares exclusivamente para Namtar, divindade da Epidemia assassina, e os deuses, reduzidos à fome, serão obrigados a interromper o mal. O que, de fato, ocorre. Entretanto, com o retorno à segurança, os homens retomam suas ocupações agitadas e tumultuosas, e impacientam uma vez mais Enlil que, dessa vez, lhes envia a Seca. Nova aparição de Ea, que aconselha Atrahasis a mandar reservar unicamente para Adad, senhor das precipitações atmosféricas, as provisões dos deuses. As lacunas do texto nos fazem suspeitar que Enlil não cede logo. No final, porém, tudo volta à ordem, e a humanidade refloresce.

Dos restos da tabuleta, deduz-se pelo menos que o rei dos deuses, decidido, no final das contas, a eliminar os homens, sempre tão ruidosos, vai apelar para uma catástrofe ainda mais radical: o Dilúvio. Desconfiado, toma todas as precauções para que seu funesto projeto não possa ser divulgado entre os humanos e que, assim, ninguém escape da morte. Ea, porém, sempre engenhoso, dá um jeito de anunciar obliquamente para Atrahasis o desastre iminente e o estratagema que preparou para salvá-lo — mas, dessa vez, apenas ele, com os seus.

Atrahasis deverá então "construir um barco com ponte dupla, solidamente aparelhado, devidamente calafetado, e robusto", cujo "plano é desenhado no solo" por Ea. Ele o abastecerá e, ao sinal de seu deus, aí "embarcará [suas] reservas, (seu) mobiliário, (suas) riquezas, (sua) esposa, (seus) próximos e aliados, (seus) mestres de obras (para preservar os segredos das técnicas adquiridas), assim como animais domésticos e selvagens"; depois disso, bastará que ele "entre no barco e feche a escotilha". A sequência, lacunar no que nos restou do *Poema*, pode ser facilmente suprida pelo relato de *A epopeia de Gilgamesh*, posterior em vários séculos, mas amplamente inspirada nele.

Tendo, pois, encontrado o meio de explicar, sem alarmá-los, seu estranho comportamento àqueles que o cercam, Atrahasis executa as ordens, "embarca carga e família" e "oferece um grande banquete". Contudo, no decorrer deste, fica ansioso: "Ele só faz entrar e sair,/ Sem se sentar nem ficar parado,/ Com o coração partido, doente de inquietude": espera o sinal fatídico.

O sinal, enfim, chega: "O tempo mudou de aspecto/ E a Tempestade desabou por entre as nuvens!" É preciso zarpar:

> Quando se fizeram ouvir os estrondos do trovão,/ Trouxeram-lhe betume,/ Para que vedasse sua escotilha./ E, uma vez que esta estava fechada,/ E que a tempestade continuava a ribombar nas nuvens,/ Os ventos se enfureceram/ E assim ele cortou as amarras, para liberar a nave!

O Dilúvio, manifestado na forma de uma enorme inundação provocada por chuvas torrenciais, então prosseguiu:

> Seis dias e sete noites: o temporal fazia estragos./ Anzû (o Rapace divino gigantesco) lacerava o céu com suas garras:/ Era exatamente o Dilúvio/ Cuja brutalidade caía sobre as populações como a Guerra!/ Nada mais se via/ E ninguém mais era identificável naquela carnificina!/ O Dilúvio mugia como um boi;/ O Vento assobiava, como a águia que grita!/ As trevas eram impenetráveis: não havia mais Sol!

O MAIS ANTIGO RELATO DO DILÚVIO

Quando o cataclismo tinha realmente

> esmagado a terra, no sétimo dia,/ o Furacão beli-
> coso do Dilúvio caiu,/ Após ter distribuído seus gol-
> pes (ao acaso), como uma mulher em meio às dores;/
> A Massa d'água apaziguou-se; a Borrasca cessou: o Di-
> lúvio tinha terminado!

Então, conta o herói:

> Abri a escotilha, e o ar vivo saltou-me ao rosto!
> Depois procurei com os olhos a margem, no horizon-
> te da Extensão d'água:/ A algumas centenas de bra-
> ças, uma língua de terra emergia./ A nave acostou ali:
> era o monte Nirçir, onde ela enfim arribou!

Por prudência, Atrahasis espera ainda uma semana antes de utilizar um estratagema dos primeiros navegadores
de alto-mar.

> Peguei uma pomba e lancei-a;/ A pomba se foi, mas
> voltou:/ Não tendo visto onde pousar, retornou!/ Pe-
> guei em seguida uma andorinha e lancei-a;/ A andori-
> nha se foi, mas voltou:/ Não tendo visto onde pousar,
> retornou!/ Enfim peguei um corvo e lancei-o:/ O cor-
> vo se foi, mas, encontrando a retirada das águas,/
> Debicou, crocitou, e não voltou!
>
> É sinal de que pode então deixar seu refúgio. Tam-
> bém mandou sair do barco seus passageiros, que "dis-
> persa aos quatro ventos"; e, logo retomando a função
> essencial da humanidade, da qual é, com sua família,
> o único sobrevivente, o único representante, ele pre-

para um banquete para os deuses, que, em jejum há
muito tempo, giram em torno dele "como moscas".

Então, enquanto a grande-deusa, aquela que se havia dedicado à criação dos homens, exige em vão a renegação de Enlil,
autor do desastre, este, ao constatar que seu plano de supres-
são total da humanidade fora frustrado, fica enfurecido. Mas
Ea mostra a ele que jamais deveria ter recorrido a um meio
tão brutal e extremo, e, "sem refletir, provocar o Dilúvio".

Afinal, se os homens houvessem desaparecido totalmente, não teríamos recaído na situação sem saída que, precisamente, provocara a criação deles: um mundo sem produtores?
E, para mostrar o que bastaria ter sido feito, o sábio Ea propõe introduzir na nova geração, originada de Atrahasis, uma
espécie de "malthusianismo natural" que, restringindo os nas-
cimentos e a sobrevivência dos recém-nascidos, moderará a
proliferação e o tumulto. É por isso que, desde então, algumas mulheres serão estéreis; outras serão expostas à implacável Demônia-Destruidora, que lhes tirará os bebês do seio;
outras, enfim, abraçarão um estado religioso que lhes inter-
ditará a maternidade.

Aqui, em uma última quebra que nos priva do desenlace,
se encerra a terceira e última tabuleta do *Poema*.

A despeito da concisão do resumo que acabamos de ler,
vemos que se trata menos de uma verdadeira história antiga
da humanidade, isto é, de um relato suficientemente fiel aos
acontecimentos que teriam presidido às suas origens e aos
seus primeiros avatares, do que de uma explicação de sua
natureza, seu lugar e sua função no universo. Mais do que
uma espécie de crônica, é, em suma, algo como uma exposição
de teologia que, a despeito de seu estilo animado e descriti-

vo, quer não relatar dados de fato, mas inculcar definições, maneiras de ver, todo um sistema de ideias relativas ao universo e ao homem. É o que chamamos de relato mitológico.

Apesar de sua vivaz inteligência, de sua curiosidade universal, dos enormes progressos intelectuais e materiais pelos quais sabemos que são responsáveis ao longo dos três milênios (no mínimo) em que cresceu e se irradiou sua civilização, os velhos mesopotâmios jamais chegaram ao pensamento abstrato: como muitos outros povos antigos, e até mesmo modernos, e em contraste com nossos hábitos, jamais dissociaram ideologia de imaginação. Assim como em seus tratados matemáticos, nos quais propunham e resolviam apenas problemas particulares, sem deles extrair ou formular princípios de solução, eles apresentavam suas ideias gerais não em sua universalidade, mas sempre encarnadas em algum dado singular.

O mito, expressão favorita de um pensamento especulativo como esse, era precisamente o que lhes permitia materializar suas concepções, infiltrá-las em imagens, cenas, encadeamentos de aventuras, criadas, é claro, por sua imaginação, mas sobretudo para responder a alguma interrogação, para esclarecer algum problema, para ensinar alguma teoria — como os fabulistas constroem suas historietas para inculcar uma moralidade.

Toda a literatura suméria e babilônica é recheada dessa "filosofia em imagens" que é a mitologia, e o *Poema de Atrahasis* é um belíssimo exemplo disso, notável pela amplitude do quadro por ele traçado e pela inteligência e pelo peso das questões ventiladas. Seu problema, em suma, tratado naturalmente na ótica de seus autores, é o da condição humana. Qual é o sentido de nossa vida? Por que estamos sujeitos a um trabalho que nunca termina e que é sempre esgotante? Por que essa separação entre uma multidão que a ele se encontra exclusivamente condenada e uma elite que leva uma existência tranquila, assegurada precisamente pela pena alheia? Por que, conscientes da imortalidade, precisamos, ao fim, morrer? E por que essa morte é de tempos em tempos acelerada por flagelos inesperados e mais ou menos monstruosos? E tantos outros enigmas, assim como as restrições, por si só inexplicáveis, ao papel essencial, para as mulheres, de pôr filhos no mundo e conservá-los vivos...

COMO EXPLICAR AS CATÁSTROFES?

Todas essas aporias precisavam não apenas ser formuladas, mas também resolvidas no próprio quadro em que se colocavam: em um sistema essencialmente teocêntrico. Para aqueles indivíduos, o mundo não se explicava sozinho, ele tinha sua razão de ser em uma sociedade sobrenatural: os deuses, cuja existência era indubitável. Para se ter uma ideia a respeito desses personagens que ninguém — e não é à toa — jamais vira, bastava projetar em um plano superior o que se via em torno de toda a organização material, econômica, social e política daqui debaixo. Os deuses foram concebidos como homens, e com todas as necessidades destes; mas homens superlativos, dispensados das servidões fundamentais que nos oprimem, como a doença e a morte, e dotados de poderes bem acima dos nossos. Desde então, como não modelá-los a partir da própria flor da humanidade: a aristocracia da "classe dirigente"?

Em um sistema como esse, os seres humanos, comparados aos divinos, praticamente não podiam ocupar, para van-

O MAIS ANTIGO RELATO DO DILÚVIO

tagem destes últimos, outro ofício que não o de sujeitar-se àqueles que os governavam: estavam condenados à corveia e ao fornecimento de todos os bens indispensáveis a uma vida opulenta e destituída de qualquer preocupação, exceto a de exercer o comando. Como os homens deviam necessariamente sua existência aos deuses, dos quais não poderiam ser nem os primogênitos — isso era evidente — nem os contemporâneos independentes, eram forçados a estabelecer que o mundo divino devia, antes, ter bastado a si mesmo, dividindo-se obrigatoriamente, como entre nós, em uma categoria de produtores e uma elite de consumidores; e que devia ter-se visto coagido a pôr fim a esse estado de coisas por meio de alguma crise interna análoga àquelas que, cá embaixo, explodem entre empregados e empregadores quando os primeiros se estimam explorados. Assim, o homem era, "de nascença", servidor dos deuses. E os deuses, ao fabricá-lo, não podiam ter deixado de cuidar para que ele mantivesse, é claro, algo deles, de sua duração, sua inteligência e seu poder — mas, no todo, limitado: inferior, débil, transitório. Era essa a ideia que se fazia da natureza e das condições humanas.

Tal arranjo teria implicado, por si, a ausência de conflito entre deuses e homens, contanto que estes — como era de costume — realizassem todos os seus deveres em relação aos seus senhores. Então, como explicar — não digo a morte, a doença, os aborrecimentos de cada indivíduo: eles estavam implantados em nossa natureza e em nosso destino — os enormes sobressaltos das grandes catástrofes inesperadas e aparentemente sem razão que se abatiam de tempos em tempos sobre os homens e os eliminavam em massa? Qual era a razão daquelas calamidades "cósmicas" como as epidemias, os tempos de fome, as súbitas in-

CAPRICHOS DE DEUSES SOBERANOS

Mas por quê? Confrontados com esse problema, os autores do *Poema* não conseguiram encontrar-lhe outra razão além do capricho dos deuses soberanos. É verdade que distinguiram um motivo — um pretexto? — do lado dos homens: estes, por sua prosperidade e multiplicação, e também pela vivacidade de sua atividade servil, podiam de algum modo ofuscar seus governantes —, assim como o cortejo numeroso e agitado demais, em torno de um soberano irritável, perturbaria seu repouso. Entretanto, em um universo tão teocêntrico e distante de toda ideia de "contestação" e revolta em relação ao poder, a última palavra da sabedoria não era, em suma, o sentimento de dependência, o abandono a seu estado, o consentimento ao próprio destino, a resignação, o fatalismo?

Ao mostrar, desde os primeiros tempos da humanidade, desde aquela "época mítica" anterior à história na qual o "mundo histórico" tomara forma, os deuses movidos pelo desejo de dizimar, e até mesmo de aniquilar os homens, enviando-lhes para isso calamidades coletivas, os autores do *Poema* não apenas davam a seu público uma razão suficiente para a existência daqueles flagelos cíclicos como também ressaltavam seu caráter de certa forma tradicional — desde "a noite dos tempos" — e, portanto, inevitável, diante do qual era necessário inclinar-se.

O MAIS ANTIGO RELATO DO DILÚVIO

Mas tal lição de sabedoria tinha também sua contrapartida de esperança: diante daqueles infortúnios, os homens tiveram, "outrora", um defensor e um salvador: o deus Ea, o "inventor", inimigo de toda violência inútil, o mesmo, aliás (outro ciclo de mitos o contava), que havia preparado e propagado entre os humanos todos os conhecimentos úteis. Precisamente por meio de um deles, Ea ensinara os homens a se protegerem de todas as grandes desgraças universais. Agora, no "tempo histórico", eles poderiam, pois, aplicar suas lições e lutar, assim, contra as catástrofes, para salvar-se delas. Era essa a "filosofia" que o *Poema do Supersábio* — bem denominado! — queria, por meio de suas fábulas e mitos, incutir nos que dele usufruíam.

O relato do Dilúvio tem ali, portanto, o mesmo valor, o mesmo sentido, que os da Epidemia e da Seca que o haviam precedido. Sabemos muito bem, por toda a nossa documentação histórica, que tais calamidades se abatiam de tempos em tempos sobre o país, medicamente ainda tão indefeso, cuja economia era planificada de maneira rudimentar. Por meio de um processo recorrente na literatura, em particular no folclore e na poesia, amalgamaram-se as lembranças próprias a muitas experiências, transmitidas pela tradição ou vividas, de doenças propagadas como um incêndio, multiplicando a mortalidade, ou de colheitas ruins, extenuando as populações e provocando a Epidemia e a Fome — como os contadores falam do Leão e do Ogro —, cada uma concentrando os horrores de todas e projetada, como um protótipo aterrorizante, no tempo mítico de "outrora".

O ÚLTIMO ATO DOS TEMPOS MÍTICOS

O Dilúvio, que se segue a elas, terá sido imaginado e construído da seguinte maneira: nesse país, centrado no Tigre e no Eufrates — que logo reagem ao excesso das precipitações —, as enchentes (temos vários exemplos) não eram raras: mais ou menos assassinas, mais ou menos espetaculares. Os próprios arqueólogos encontraram traços delas, às vezes impressionantes, particularmente em Ur, Kish e Fara-Shurupak, entre diversos estratos do quarto e do quinto milênios a.C. A partir de um certo número de catástrofes que haviam devastado uma cidade ou outra, uma região ou outra, compôs-se o Cataclismo, que submergiu o país inteiro; e uma ampla lenda cristalizou-se em torno dele, para culminar na "história" contada em *Atrahasis* e mais tarde amplificada pelos autores do canto XI de *Gilgamesh*.

É verdade que, pela riqueza de detalhes, e sobretudo pela importância concedida ao Dilúvio pela tradição babilônica — que, como vimos no *Poema* e encontramos frequentemente em outros lugares, fez dele o último ato dos tempos míticos e o limiar da era histórica —, parece possível que tenha sobrevivido, de maneira mais ou menos vaga, a lembrança de um desses cataclismos, particularmente formidáveis — que precisaríamos, vamos repetir, ser bastante ingênuos para imaginar tal como descrito. Mas o recurso a um desastre como esses não é inevitável: o papel de charneira no tempo desempenhado pelo Dilúvio pode muito bem ter-lhe sido reconhecido não em virtude de sua historicidade, mas do lugar que ocupava na mitologia tradicional refletida no *Poema*: era a última e a mais perigosa das grandes calamidades enviadas aos homens pelos deuses para acomodá-los e reduzi-los à escala à qual pertencem desde o começo da história.

Retornemos ao relato da Bíblia, pelo qual havíamos começado e que será agora mais fácil de examinar em sua verdadeira luz. Quem quer que o tenha lido e que reflita minimamente deverá antes de tudo reconhecer que é difícil conceber a ideia de semelhante inundação em um país de colinas e de escoamentos fluviais como a Palestina, sem nenhum rio digno da palavra, sem nenhum vale largo e propício ao acúmulo de águas. A probabilidade razoável é, portanto, *a priori*, de que esse conto tenha sido tomado por empréstimo. Contudo, se a identidade mais do que substancial com o Dilúvio babilônico não gera a menor dúvida, demasiados detalhes divergentes não permitem considerar o relato da *Gênese* mera transcrição para o hebraico do texto acádio de *Atrahasis* ou de *Gilgamesh*.

Na realidade, o Dilúvio faz parte de uma vasta colheita de temas teológicos, mitológicos, ideológicos, e outros mais, elaborados por essa Mesopotâmia eminente e prodigiosa que com eles fecundou todo o Oriente Médio desde a mais alta época: basta pensar nas descobertas improváveis de Ebla, na Síria, relativas à metade do terceiro milênio a.C.!

Como muitos outros temas — a criação do mundo, as origens e a história antiga dos homens, o problema do Mal e da justiça divina —, o Dilúvio terá sido também recolhido pelos israelitas, expostos, por seus ancestrais e por si próprios, a essa extraordinária irradiação cultural da Suméria e da Babilônia. Eles chegaram a adotá-lo em seu próprio quadro: aparentemente — como em *Atrahasis* — a "história" primitiva do homem, na realidade o quadro teológico de sua condição aqui embaixo, pois a intenção dos 11 primeiros ca-

NO COMEÇO ERAM OS DEUSES

pítulos da *Gênese* é a de nos inculcar, para nosso governo, o modo como os homens foram modelados e remodelados, preparados e postos em "função" antes que se inaugurasse, com Abraão, a história propriamente dita.

Mas eles não conservaram nem a ótica nem a teologia nativas: como tudo o que tomaram dos antigos babilônios, remanejaram profundamente o tema, impregnando-o com sua ideologia religiosa original. O sistema deles também era teocêntrico. Contudo, "inventores" do monoteísmo, seu mundo divino se concentrava no Deus único e transcendente, sem o menor traço antropomórfico, sem a menor necessidade de "servidores" que lhe assegurassem a vida.

Foi por essa razão que no Dilúvio, tal como o repensaram, substituíram a multidão de deuses pelo Deus único, assim como o capricho e a futilidade dos senhores do universo pelas exigências morais: se Deus envia aos homens esse cataclismo, é por causa da "corrupção" deles (*Gênese* VI, 5), para propagar uma nova humanidade, capaz, ao menos por meio de seus melhores representantes (o povo originado de Abraão), de levar uma vida desde então plenamente conforme um ideal ético e religioso elevado...

NOSSOS MAIS ANTIGOS PARENTES

Foi esse Dilúvio, o da Bíblia, que ficou em nossa memória, impregnados que somos — queiramos ou não — pelas cenas e ensinamentos desse velho livro. Mas o propósito da história é tentar compreender "remontando" no tempo, sempre a partir do que "havia antes": os filhos por meio de seus pais e os rios, de suas fontes.

O MAIS ANTIGO RELATO DO DILÚVIO

É por isso que, além do que encontram em grande quantidade sobre nossos mais antigos parentes em linha direta — sobre esses incomparáveis civilizadores sumérios e babilônios, e sobre a herança deles que, filtrada, remanejada, enriquecida, às vezes empobrecida pelos milênios, chegou até nós — os assiriólogos podem também nos ajudar a esclarecer a Bíblia ao reinserir seu teor no "contínuo histórico", o que a ilumina de maneira singular. Pacífico e discreto, o ofício dessas pessoas não é exatamente fácil: passar a vida decifrando, analisando, penetrando centenas de milhares de anfiguris de argila hachurada de cuneiformes eriçados e rebarbativos! Podemos nos perguntar, entretanto, se essa imobilidade árdua não é mais fecunda do que os grandes rebuliços para reduzir algumas ripas carcomidas consideradas, com terna ingenuidade, a relíquia e o escolho de uma "Arca" tão fabulosa quanto as botas do Ogro.*

---

*William Ryan e Walter Pitman, *Noah's Flood*, Londres, Simon & Schuster, 1999.

CAPÍTULO II   A primeira Arca de Noé*

---

*Este artigo foi publicado na revista *L'Histoire* n° 94, pp. 78-80.

A *Arca de Noé* de nossa infância, com sua ingênua coleção de bichos: a multidão heteróclita e pitoresca dos animais, apressadamente embarcados, dois a dois, sob um céu negro e ameaçador, riscado de raios, e que já deixava cair largas gotas de chuva — como no admirável filme norte-americano *The Green Pastures* (Verdes pastos, 1936) —, chega a nós de longe...

Para além de nossa Bíblia, assim como o relato inteiro do Dilúvio do qual é inseparável, a arca vem da antiga Mesopotâmia (cf. *L'Histoire* n° 31, pp. 113-120). A mais antiga menção a ela se encontra em uma ou duas tabuletas cuneiformes nas quais se inscrevem, por volta de 1700 antes de nossa era, os cerca de 1.200 versos de um grande poema mitológico intitulado *Poema do Supersábio*.

Contam-nos ali como Enlil, o rei dos deuses, acaba um dia por aborrecer-se com o rumor e a agitação dos homens, excessivamente numerosos e, em virtude de sua vocação nativa, empenhados em produzir com seu trabalho os bens necessários e úteis para sobreviver, mas acima de tudo para assegurar a seus senhores sobrenaturais uma vida faustuosa e sem aborrecimentos.

Irritado por ter *"perdido o sono"*, Enlil decide suprimir aquela humanidade inquieta e barulhenta. Vai, portanto, man-

NO COMEÇO ERAM OS DEUSES

dar-lhe o Dilúvio, isto é, naquele país plano, que seus habitantes imaginavam mais ou menos coextensivo à superfície inteira da Terra, um gigantesco transbordamento dos dois rios: o Tigre e o Eufrates, alagados com chuvas torrenciais, abandonam seus leitos e submergem o território. Semelhantes inundações, de alcance limitado, de fato às vezes ocorriam aqui e ali: nossos arqueólogos, mais de uma vez, em níveis cronológicos diferentes, deparam com sinistros vestígios delas. Os autores do relato mítico viram algo maior e mais terrível: acumularam, de certa forma, em sua imaginação, todos aqueles dilúvios circunscritos para com eles compor um Cataclismo universal e formidável, adequado para aniquilar todos os seres vivos da terra, e em primeiro lugar os homens, a fim de reduzi-los à imobilidade e ao silêncio perpétuos.

Mas aqueles velhos mitógrafos já tinham o sentimento de que o Poder, mesmo supremo, não confere, por si, a inteligência que dirige com frutos seu exercício. Enlil, cedendo à sua irritação, não pensou que o desaparecimento de todas as forças produtivas mergulharia o mundo divino, e ele próprio, em primeiro lugar, na indigência e na fome... Seu conselheiro, o deus Ea, é mais clarividente. Não dispondo, porém, de nenhum contrapoder, e na impossibilidade de impedir seu soberano de ceder ao próprio capricho ou de anular a funesta decisão, ele vai, conforme sua natureza, agir com fineza e astúcia. É verdade que não salvará os homens condenados pela despótica imbecilidade do detentor da Autoridade suprema; mas ao menos cuidará, sem o conhecimento do altivo e teimoso monarca, para que a prodigiosa aquisição trazida ao Universo pela existência dos homens, na ordem da Natureza e da Cultura, seja virtualmente preservada: secretamente, ele preservará, pois, o mínimo necessário para assegurar, uma vez passada a tormenta, o recomeço das coisas tal como estavam (muito bem) antes da estúpida e intempestiva cólera do Príncipe.

OS SETE ANDARES DO UNIVERSO

A solução será retirada da própria natureza do perigo ameaçador: contra a água, Ea recorrerá a algo mais leve do que ela. Encarregará, pois, seu protegido, o Supersábio, rei do país e o melhor dos homens, de edificar uma ampla célula flutuante, cujo "plano ele lhe desenha no solo". Sua estrutura será de madeira, e sua enorme obra de cipreste — material de qualidade naquele país —, que será preciso calafetar e betumar com cuidado, "na superfície e no interior", para impermeabilizá-la. À exceção de uma simples "abertura", deverá ser mantida hermeticamente "fechada" por todos os lados, até mesmo "em cima" — por um "teto" tão cerrado "que um raio de sol não possa por ele penetrar": de outro modo, a chuva torrencial se precipitaria na arca, e o tumulto e o furor das ondas a golpeariam, desequilibrando-a e levando-a a pique. Seria inútil prever algo que lhe assegurasse o movimento e a direção — remos, velas ou leme: ela não era feita para transportar seu conteúdo de um ponto a outro, mas apenas para protegê-lo da água devastadora, flutuando ao sabor das ondas.

Nesse sentido, a construção podia evocar um "barco",

NO COMEÇO ERAM OS DEUSES

um "navio", como a chama o modelo mesopotâmico. Mas os autores do relato bíblico quiseram ressaltar a diferença: em vez de utilizar a palavra do hebraico para barco (*'oniyyâ*), falam apenas de *tébâ*: caixa, baú, acompanhados com exatidão pelos tradutores gregos e latinos da Bíblia, que dizem, no mesmo sentido, *kibôton* e *arca*, respectivamente. É por isso que falamos de Arca.

Na mais antiga apresentação do relato, as cotas da embarcação não parecem ter sido precisadas — ao menos nada nos resta delas. Mais tarde, como a desmesura e a ênfase entram sem dificuldade no folclore, deu-se livre curso à imaginação: o texto bíblico prevê uma construção oblonga de 150 metros de comprimento, por 50 metros de largura e 15 metros de altura; e, por volta de 300 antes de nossa era, Bérose, letrado babilônico que traduzira para o grego as tradições de seu país, chega a mencionar 3 quilômetros de comprimento por 400 metros de largura. No final do segundo milênio a.C., na Mesopotâmia, pensava-se antes em um enorme "cubo" de 60 metros de lado, com um calado de 40 metros: um verdadeiro baú flutuante. Mas o texto precisa que esse amplo volume devia ser interiormente organizado: dividido em "sete andares", cada um deles dividido em "nove compartimentos". Há aí, ao menos pelos "sete andares", uma remissão sutil à própria disposição do Universo segundo a ideia que dele então se fazia: três céus superpostos no alto, o mesmo número de planos infernais embaixo e, entre eles, a terra dos homens. Assim, tomava-se de fato a Arca por um verdadeiro *microcosmo* flutuante.

E com toda razão, já que ela trazia, potencialmente e em

A PRIMEIRA ARCA DE NOÉ

germe, tudo o que levaria o novo universo a renascer após o seu desaparecimento pelo terrível Cataclismo.

Na Bíblia, esse "embrião" é, em primeiro lugar, Noé, o Justo, escolhido por Javé, "com sua mulher, seus filhos e as mulheres de seus filhos", para perpetuar a raça dos homens por meio de uma descendência tão irrepreensível quanto eles. Entretanto, além das provisões necessárias, ele deverá levar consigo espécimes, macho e fêmea, de todos os animais terrestres: quadrúpedes, pássaros e "bestiolas". Na versão antiga, o Javista, considerando junto o uso alimentar e a cultura, eleva a "sete pares" o número de "animais puros", isto é, os que são ao mesmo tempo comestíveis e passíveis de serem oferecidos em sacrifício. Mas o mais antigo documento cuneiforme relata que o Supersábio embarca, além da "família" e da "gente de casa", "exemplares de todos os seres vivos, grandes e pequenos, incluindo os pássaros". Uma variante chega a acrescentar, como que para simplificar as coisas, que Ea "os enviará ao Supersábio, e eles esperarão diante da casa dele", prefigurando, de algum modo, o "circo" de *The Green Pastures*.

Assim é o primeiro estado da "coleção de animais de Noé": considerando o número reduzido das espécies zoológicas conhecidas pelos autores do mito, em seu país e nos arredores imediatos, ela era bem menos farta do que em nossa imaginação, alimentada pelas infinitas espécies descobertas depois em todo o vasto mundo...

Sem falar dos peixes, e bem se vê por que nem o texto cuneiforme nem o relato em hebraico se preocupam com as plantas: enraizadas na terra, eram consideradas mais ou menos parte dela, e próprias para dela ressurgir assim que a massa d'água desaparecesse...

NO COMEÇO ERAM OS DEUSES

Entretanto, ao menos na Mesopotâmia, país de técnicas, fabricações complicadas e segredos de ofícios longa e penosamente adquiridos, foram explicitamente previstos, na carga do "barco" salvador, não apenas objetos trabalhados — "todo o ouro e toda a prata" do Supersábio —, mas também a presença de "técnicos" capazes, para preservar também a Cultura, de propagar a destreza e os procedimentos tradicionais eficazes. Outra versão, conhecida unicamente por Bérose, e sem dúvida mais recente, via as coisas de modo diferente: antes de embarcar, o herói do Dilúvio deveria, por ordem divina, furtivamente enterrar, "na cidade do Sol, em Sippar, todos os escritos" que memorizavam aquelas aquisições, que "ele iria buscar, depois" da tormenta, "para transmiti-los aos homens".

OS ANIMAIS DE NOÉ

Assim provida e com as escotilhas devidamente cerradas, concentrando todo o universo prestes a desaparecer, a matriz do mundo por vir, nossa "Arcamicrocosmo" pode flutuar e cambalear sobre a água, e o Dilúvio pode abater-se sobre a terra e aniquilar tudo: o conteúdo dela nada tem a temer, abrigado pelo tempo que for necessário. Aqui, ainda, o exagero do folclore teve seu papel: o mito mesopotâmico dá ao formidável Cataclismo apenas "sete dias e sete noites" de duração; o Javista bíblico (século IX) o prolonga a "quarenta dias"; mas a versão bíblica mais recente, o Documento Sacerdotal (século V), o estende a um ano solar completo!

Depois disso, a água abaixa e desaparece pouco a pouco, a Arca acosta e para, e tudo o que se achava nela encerrado desce e se espalha pela terra novamente habitável: é o nascimento do novo universo, este que dura até hoje...

CAPÍTULO III O "país sem retorno" dos mesopotâmios*

*Este artigo foi publicado na revista *L'Histoire* n° 237, pp. 56-62.

A morte é um tema fúnebre e triste por si só. Contudo, se refletirmos bem, é inofensiva enquanto apenas falarmos dela — um pouco como assistir a uma catástrofe da qual não somos vítimas; tem algo de reconfortante, se não de involuntariamente agradável, para nos expressarmos com um certo cinismo. A morte, dizia um de meus velhos amigos, é algo que acontece com os outros...

Esses outros, por ora, são os veneráveis habitantes da Mesopotâmia, os criadores, há seis milênios, de uma alta civilização refinada, complicada, original e inteligente; e também os inventores, há 5 mil anos, do primeiro sistema de escrita: uma escrita extraordinariamente complicada, mas que lhes permitiu fixar lembranças e muitos detalhes de sua vida, além de pensamentos e vários aspectos de sua visão das coisas, relativos aos cerca de trinta séculos de duração de sua história — até as proximidades de nossa era. Graças a isso, e por termos achado em seu território, na época atual, cerca de meio milhão daquelas plaquetas de argila sobre as quais escreviam, podemos consultar esses arcaicos "documentos" e neles reencontrar as ideias e a expressão dos sentimentos de nossos ancestrais identificáveis mais antigos.

E, em especial, desvelar ali a representação da morte e do pós-morte que haviam concebido. Ela é para nós ainda

NO COMEÇO ERAM OS DEUSES

mais interessante por praticamente não diferir, quanto ao essencial, da dos antigos israelitas, registrada na Bíblia, o que nos permite entender melhor ambas; e pelo fato de nela reconhecermos sem dificuldade os contornos de nosso próprio imaginário da morte e do Além. Também por esse viés, os mesopotâmios se afirmam como nossos mais antigos ancestrais reconhecíveis.

Em sua imaginação, o mundo parecia uma imensa esfera cortada em duas, no plano diametral, pelo mar, tendo no meio, como uma ilha, nossa terra (cuja parte principal e central era evidentemente seu país, cercado de alguns subúrbios...). Essa terra repousava sobre um enorme lençol de água doce, que emergia por meio de poços e fontes: eles o chamavam Apsu. Acima da terra, o hemisfério visível do globo era chamado de Anu, o "Em-cima", digamos "o Céu". Simétrico a esse "Céu", mas invisível e apenas postulado, em sua maior parte, encontrava-se o hemisfério de "Embaixo" — Ki, diziam eles — o que nós poderíamos chamar de "Inferno", ao menos no sentido etimológico e primeiro da palavra: as regiões inferiores.

Para explicar as origens e o funcionamento dessa enorme máquina redonda, eles foram levados a inventar toda uma sociedade de seres sobrenaturais: divindades ao mesmo tempo numerosas (politeísmo) e imaginadas com base no modelo do homem (antropomorfismo), mas em maior escala, com mais inteligência e poder, e sem as fraquezas que nos assaltam: a doença, a decadência da idade e a duração limitada da vida.

Uma parte desses deuses ocupava o Em-cima, outra parte, o Embaixo. Todos eram reagrupados em uma única hierarquia, igualmente copiada do modelo humano em vigor nesse velho país: a organização monárquica — no topo, os deten-

O "PAÍS SEM RETORNO" DOS MESOPOTÂMIOS

tores do poder supremo e, abaixo deles, como em uma imensa pirâmide, os deuses de segunda categoria, que exerciam seu poder de governo sobre as diferentes partes do universo: o Sol, a Lua, cada estrela ou constelação, as chuvas, os ventos, as tempestades, o brotar das plantas, o crescimento dos animais, o cio amoroso, o curso dos rios, o regime do mar etc.

Como nós, dividiam-se em dois sexos, e supostamente tinham entre Si as mesmas relações que nós: esposos e esposas, pais e filhos, com frequência estavam de acordo, mas às vezes se desentendiam, e eram heróis de inúmeras histórias, muitas delas escabrosas, imaginadas como mitos explicativos para os mistérios que nos atormentam.

Os deuses fizeram o mundo como uma espécie de gigantesco reservatório de bens de consumo e de uso, que era possível obter por meio do trabalho. Eles criaram os homens para assegurar esse trabalho, e para fornecer-Lhes, assim, tudo do que precisavam para uma vida opulenta, feliz e sem preocupações: templos magníficos, banquetes cotidianos, festas, roupas suntuosas, joias, estátuas e imagens fascinantes a representá-Los...

Na qualidade de "patrões" dos homens, não era o caso de os deuses se divertirem atormentando-os e testando-os mais ou menos viciosamente por meio de doenças, sofrimentos, aborrecimentos de toda espécie, que são nosso pão cotidiano. Assim, para explicar a ocorrência súbita e constante desses males, eles tinham sido atribuídos a seres sobrenaturais, inferiores aos deuses, que nós chamaríamos de "demônios", que pilhavam a terra aqui e ali, mais à vontade em locais desertos, de onde saíam, como salteadores, para se lançar sobre suas vítimas...

NO COMEÇO ERAM OS DEUSES

A morte em si mesma era, aos olhos Deles, o *"destino"* dos homens. Quando os deuses os criaram, tomaram o cuidado de dotá-los de todas as qualidades necessárias para realizar com eficácia seu papel inato de "trabalhadores"; porém, no intuito de distingui-los radicalmente de Si mesmos, para que jamais lhes viesse à mente a ideia de se alçar ao lugar de seus senhores, Eles os tinham feito de argila, matéria à qual deveriam retornar ao fim de um tempo, pois, na língua do país, *"morrer"* também se dizia *"retornar à sua argila"*, alusão às ossadas que se transformam, ao fim, como ainda dizemos, em pó...

Quando Gilgamesh, na famosa epopeia que leva seu nome, após o falecimento prematuro de seu melhor amigo, Enkidu, é tomado por um violento sentimento de rejeição em relação a essa morte terrível e começa a buscar ansiosamente um meio de obter uma vida ininterrupta, ele se lembra de que os deuses, outrora, haviam concedido uma existência imortal ao herói do Dilúvio, colocando-o, separado dos outros homens, na extremidade do mundo, e parte, à custa de imensos perigos, para unir-se àquele privilegiado e perguntar-lhe como obter a mesma vantagem. Chegando à mais longínqua margem do grande Mar que circunda a terra e que o separa da residência do "bem-aventurado", encontra diante de si uma mulher misteriosa que lhe diz, como que para desencorajá-lo: "Para onde você corre assim, Gilgamesh?/ Você não obterá a vida-sem-fim que ambiciona!/ Quando os deuses criaram os homens,/ Eles os destinaram à morte,/ Reservando apenas a Si próprios a imortalidade!"

A morte era, portanto, um mal cruel e terrível, uma vez que Gilgamesh tinha, inutilmente, afrontado provas tão formidáveis para tentar evitá-la; mas era inelutável para todos:

O "PAÍS SEM RETORNO" DOS MESOPOTÂMIOS

era o "destino" dos homens. Outrora, antes do Dilúvio, a vida deles fora bem mais longa, acreditava-se (citavam-se antigos personagens que tinham vivido milhares de anos); depois, porém, os deuses lhe deram uma duração muito mais limitada: a centena de anos no máximo; e nenhum de nós, desde então, podia esperar ultrapassar em muito esse tempo.

O que se passava no momento em que, chegado ao termo de sua vida, um homem realizava seu *destino*, morrendo? Em que, precisamente, consistia a morte? Os filósofos gregos contribuíram para estabelecer uma tese que considera o homem composto de uma "matéria", o corpo, e de uma "forma", a alma; em virtude disso, define-se tradicionalmente a morte como a "separação da alma e do corpo". Mas aos olhos dos mesopotâmios, como aos dos israelitas, e até mesmo, para não mencionar apenas estes, aos dos gregos antigos, anteriores a Platão e Aristóteles, essa dicotomia não existia, e o homem era um ser simples, um corpo vivo, feito assim a um só tempo pela presença do sangue em suas veias e pelo sopro em suas narinas. Quando todo o seu sangue desertava de seu corpo, ou quando o sopro não voltava e "expirava" pela última vez, ele morria.

O DUPLO SOMBRIO E VOLÁTIL DO DEFUNTO

Desde então, dele nada mais restava a não ser seu corpo sem vida, imóvel, aparentemente mergulhado em um sono profundo — seu cadáver. Como era bem sabido, esse corpo se corromperia pouco a pouco (os mesopotâmios ignoravam a mumificação), isto é, dele só restava, no final das contas, o esqueleto, cujos ossos acabavam em "argila" — "em pó". Seria então preciso pensar que ele havia, no mesmo movimento, retornado ao nada? Essa ideia do "nada", no sentido profundo do termo, é uma abstração filosófica e, como tal, inacessível à quase totalidade dos homens. Não era, portanto, o caso de se referir a ela.

Tomava-se a coisa por um viés bastante diferente. Era comum, naquele tempo e país, o mesmo que ocorre em toda parte e sempre, quando "revemos" os finados após a morte, em sonho especialmente, em nossas lembranças ou ainda em assombrações, "aparições" que estimamos patológicas e de pura construção imaginativa, como os devaneios, mas cujo caráter real, objetivo, além do mental, não se lograva esgotar: logo, o que se "via" existia como era visto.

Concluía-se disso que, após a morte, além do corpo, destinado à decomposição e ao retorno definitivo à terra, subsistia por longo tempo algo do defunto, algo idêntico à visão que dele se guardava, em sonho ou de outra maneira: uma espécie de decalque, de duplo sombrio e volátil, com formas esfumadas e mais ou menos rarefeitas, aquilo que nosso folclore chama de fantasma, sombra, espectro, alma; era como um novo estado, incerto, quase irreal, vaporoso, vago, a que a morte tinha reduzido o defunto, todos os defuntos sem exceção. Era chamado, em sumério, de *gedim*, e, em acádio, de *(w)etimmu*.

E o que ocorria a ele depois de finado?

É preciso recordar que os antigos mesopotâmios, diferentemente de outros povos que conservavam artificialmente seus mortos, que os queimavam ou que os expunham para que se destruíssem, jamais conheceram outro tratamento do cadáver que não fosse a inumação: punham-no na terra, nu,

O "PAÍS SEM RETORNO" DOS MESOPOTÂMIOS

em grandes jarros ou caixotes de argila, em fossas ou em sarcófagos de pedra.

O local tradicional do enterro era a casa paterna, principal teatro da vida familiar nessa cultura patriarcal: reservava-se uma "ala" desse edifício — talvez aquela que servisse também como "capela" doméstica — e ali se punham sob a terra os defuntos, mantendo assim reunida, materialmente, a família inteira, passada e presente. Apenas nas grandes cidades e em caso de sobrecarga reservavam-se, separados das habitações, cemitérios e necrópoles, nos quais se acumulavam as sepulturas. Nessas o cadáver "dormia" para sempre. "Palácio do sono/ Túmulo do repouso/ Residência eterna de Senaqueribe, rei do Universo, rei de Assur", diz uma inscrição encontrada sobre o sarcófago desse grande rei (704-681 a.C.). O cadáver "dormia", e era preciso deixá-lo dormir, deixá-lo repousar em sua tumba, sem jamais perturbar sua ossada; e não se tratava mais dele: sua sorte estava definitivamente selada.

DESCIDA DE ISHTAR AOS INFERNOS

Mas o que acontecia com o "duplo", o fantasma, o espectro? A partir do momento em que se punha na terra o cadáver correspondente, e assim se introduzia "Embaixo" aquela parte ainda "palpável" do homem morto, pensava-se que seu fantasma havia alcançado a imensa caverna de Ki: do "Inferno", do hemisfério inferior do universo, para passar, de algum modo, com todos os espectros ali reunidos, desde o primeiro morto, à jurisdição dos deuses de "Embaixo", após ter estado, em vida, sob a dos deuses de "Em-cima", na terra.

Essa introdução do morto em seu novo meio, com o enterro, era considerada indispensável. Acreditava-se que do cadáver abandonado propositalmente acidental ou sobre o solo, e não enterrado (perdido e morto de sede no deserto, por exemplo, ou tombado em um campo de batalha), desprendia-se um fantasma errante e desorientado, incapaz de chegar por si mesmo à sua definitiva morada subterrânea. Por isso tornava-se cruel, vingativo, malfeitor, pronto a lançar-se sobre qualquer passante a seu alcance para infligir-lhe dores ou angústias.

O respiradouro, o subterrâneo da tumba não era, contudo, a única via imaginável para chegar ao "Embaixo". Observando-se o movimento eterno do Sol, que nasce, sai da terra pontualmente todas as manhãs em uma extremidade do mundo, e que, depois de realizar sua trajetória, volta à noite à terra no outro extremo, para reaparecer no dia seguinte em seu ponto de partida, concluía-se que existia no extremo Ocidente do mundo, para além do Mar que circunda a terra, uma entrada para o Inferno. Por essa entrada o astro passava para refazer, à noite, "Embaixo", ao inverso, o caminho que percorrera de dia "Em-cima", e sair novamente no dia seguinte no leste. Mas esse caminho que atravessava o enorme e insuportável deserto arábico, a oeste da Mesopotâmia, não passava, em suma, de uma variante, de uma espécie de prolongamento imaginado da "descida ao Embaixo" pelo orifício da tumba.

Essa grande Região dos mortos era figurada como uma enorme caverna, escura, silenciosa, úmida, barrenta, à imagem daquelas que podem ter sido exploradas nas regiões montanhosas do Norte e do Leste do país; ao mesmo tempo, essa gruta gigantesca era concebida com base no modelo das grandes cidades: cercada de muralhas, dentro das quais os mortos deviam permanecer trancados a cadeado para sempre. Um guardião implacável vigiava a Porta de entrada e, no meio dessa cidadela infernal, ao fundo, fora disposta a Morada dos deuses do Embaixo, o Palácio Deles, a um só tempo esplêndido, como todos os Palácios, e triste, como tudo o que podia haver nos abismos silenciosos da terra.

Essa enorme concentração, uma geração após a outra, de multidões de velhos mortos, era chamada de "Grande Embaixo", "Grande Local", "Grande País", "Grande Aglomeração". Era também chamada, devido ao caráter irreversível do perecimento, de "País sem retorno". Os deuses que o governavam foram por muito tempo imaginados como comandados por uma Rainha, Ereshkigal, "Dama do Grande-País"; mas outra mitologia associara a Ela como esposo — e, portanto, como soberano do Inferno — um deus chamado Nergal. Eles eram assistidos por um determinado número de divindades, entre as quais um Conselho superior de Sete Magistrados, os Anunna.

O início de um poema mitológico famoso, *A descida de Ishtar aos Infernos*, conta como essa deusa de Em-cima, patrona do amor livre e, desse modo, caprichosa, agindo a Seu bel-prazer, decidira um dia visitar o Inferno, visando, talvez, conquistá-lo, o que, de Sua parte, nada tinha de surpreendente:

No País sem retorno, domínio de Ereshkigal/ Ishtar, a filha de Sîn, decidiu (um dia) partir./ Decidiu partir, a filha de Sîn,/ Para a Morada escura, a Residência do Grande Local,/ A Morada de onde jamais retornam os que lá entraram,/ Pelo Caminho de ida sem volta:/ A Morada em que os recém-chegados, privados de luz,/

NO COMEÇO ERAM OS DEUSES

Sobrevivem apenas de húmus, alimentados de terra,/ Afundados nas trevas, sem jamais ver o dia,/ Revestidos, como pássaros, de uma farpela de plumagem,/ Enquanto sobre ferrolhos e batentes se acumula a poeira...

A continuação da história de Ishtar fornece mais alguns traços interessantes em relação à sorte dos fantasmas: tendo alcançado a Porta da Grande Aglomeração, eram, como Ela, ali introduzidos, mas despojados de tudo, de maneira a chegar ao fim de seu último caminho nus, sem nada, radicalmente debilitados e semelhantes ao seu próprio cadáver nu. Parece até mesmo que, como ocorria em cada país com todos os estrangeiros recém-chegados, eles eram notificados sobre as "leis" e os "costumes" que regeriam a partir de então sua existência nessa última "pátria".

Esse aviso que os fixava em seu novo estado e decidia sua sorte para sempre foi às vezes confundido com um "julgamento" liminar. Mas, em primeiro lugar, nada indica que alguma vez houvesse julgamento no sentido próprio da palavra, isto é, fundado na conduta, na moralidade da vida: em uma religião que — diferentemente da religião da Bíblia, por exemplo — de maneira alguma levava a que se considerasse o peso da "moral" e da "boa conduta", um "julgamento" como esse não poderia ter sentido. Aqui, contudo, confrontamo-nos com um ilogismo.

OS REIS CONSERVAM SUA POSIÇÃO ATÉ DENTRO DA TUMBA

De um lado, considerando-se o caráter inicialmente negativo da existência dos fantasmas, aquela espécie de despojamento de tudo o que constituíra a vida deles, e de torpor sem fim, devia ser idêntica para todos. É o que parecem revelar muitos textos. Entretanto, parece também que, nessa cultura ao mesmo tempo tão hierarquizada e resignada, na qual se admitia, tomando por inevitável e natural, que houvesse diferenças sociais e econômicas profundas entre o rei e seu entorno de um lado, e seus súditos de outro, e até mesmo entre a classe alta e a população, imaginou-se com frequência que essas diferenças se estendiam forçosamente ao "Embaixo".

Temos uma famosa e sinistra prova disso nas célebres tumbas reais descobertas em Ur, nas quais foram enterrados os soberanos dessa cidade por volta de 2500 a.C. Em torno de cada esqueleto real foram encontrados — costume que caiu em desuso — não apenas grande quantidade de objetos feitos de ouro e de outros materiais de valor como também os restos de um grupo de pessoas (duas ou três vezes, cerca de 50 corpos; uma vez, quase 75!), evidentemente sacrificadas para acompanhar e servir a seu senhor no Além: isso significa que ao menos os reis conservavam, após o perecimento, sua posição, com todas as vantagens.

ÁGUA PARA APLACAR A SEDE DO MORTO

Com base nesse modelo, foi possível conceber a qualidade de existência dos fantasmas, não uniforme nem idêntica para todos, como a princípio seria esperado, mas variável e comensurada, não à conduta de cada um, mas à sua condição primeira aqui embaixo. Entretanto, repito-o, não temos nenhum vestígio seguro de um "julgamento" que tivesse intervindo para introduzir essas diferenças comandadas pelo comportamento dos interessados. Assim como nada temos que nos autorize a pensar que essa nova existência dos falecidos, "Embaixo", pudesse um dia ser interrompida por uma revivescência, uma "ressurreição" qualquer: a sorte dos fantasmas, das sombras, suspensa em sua morte, se achava para sempre fixada. Somente o herói do Dilúvio recebera dos deuses o excepcional e incomunicável privilégio de uma vida sem fim; mas os próprios deuses, como que para furtá-lo aos outros, não privilegiados, haviam-no transferido para a última extremidade do mundo. Além dele — mas trata-se aí de casos particulares —, alguns raríssimos personagens dos tempos antigos, dois ou três soberanos, haviam sido "divinizados" pela devoção de seus admiradores, alcançando, assim, a imortalidade dos deuses: Tammuz e Gilgamesh em especial.

A solidariedade familiar, que associava as tumbas à casa paterna, também desempenhava um papel após a morte. Era difícil não imaginar a débil e morna existência dos falecidos com base no modelo atenuado de nossa vida aqui; assim como nós neste mundo, os mortos também precisam de um mínimo de alimentação e de bebida para sobreviver; mas em quantidade bem menor, devido ao caráter entorpecido e reduzido de sua nova existência.

E era à linhagem deles que cabia fornecer-lhes essa alimentação e bebida reduzidas ao mínimo e, em suma, mais simbólicas do que reais; e o responsável maior por tal dever era o primogênito da família, aquele que a chefiava.

Inicialmente, diversas oferendas eram introduzidas junto ao cadáver, na tumba; para os soberanos e pessoas de alta classe, elas deviam ser numerosas e de grande valor, como nos mostraram as "tumbas de Ur"; nas sepulturas mais modestas, que os escavadores exumam às centenas, essas esmolas

O "PAÍS SEM RETORNO" DOS MESOPOTÂMIOS

podem faltar, em particular entre os mais desvalidos, e são normalmente reduzidas ao mínimo, sempre "simbólicas": às vezes um selo, um colar, um grampo de cabelo... Ou objetos mais raros, e que, na maior parte dos casos, parecem ter sido considerados mais por seu valor de talismãs (a fim de proteger o morto durante sua "viagem" rumo ao Embaixo) do que por sua utilidade imediata.

Assim, em Uruk, encontrou-se, uma vez, em uma tumba, sobre o peito do morto, uma tabuleta cuneiforme marcada com prescrições contra doenças de pele; e, uma outra vez, transcrita de uma espécie de grande "dicionário" já conhecido por outras vias, uma lista de nomes de pássaros! Considerando que, naquele país, a escrita (assim como a leitura concomitante), devido à sua dificuldade, se limitava aos especialistas, há poucas chances de que os modestos defuntos em questão tenham sido, em vida, capazes de ler e compreender essas tabuletas, razão pela qual falei de "talismãs". Encontra-se também, com frequência, alguma louça, às vezes com restos de alimentos: humildes "provisões de estrada" por meio das quais quisera-se atender às miseráveis necessidades do morto ao longo de sua "viagem".

Havia, aparentemente, auxílios, regulares ou ocasionais, concedidos aos mortos em seu sepulcro. E especialmente água, derramada sobre eles para aplacar-lhes a branda sede: em algumas tumbas foi encontrado um dispositivo, uma espécie de tubo, que permitia fazer escorrer um pouco de líquido até o morto, em seu habitáculo subterrâneo.

Conhecemos, enfim, uma verdadeira instituição que reunia os vivos e os mortos em torno de uma refeição em família, para demonstrar e confirmar a solidariedade desta. Uma vez por mês, no mínimo (e em algumas outras ocasiões, irre-

NO COMEÇO ERAM OS DEUSES

gularmente), no momento em que, no final de seu ciclo mensal (os mesopotâmios tinham um calendário lunar), a Lua, ao desaparecer, evocava o fim das coisas, a família se reunia para uma refeição chamada *kispu*, e os mortos eram convidados: preparavam-se até mesmo assentos para eles e reservava-se sua porção. Assim, por todos esses meios, assegurava-se sua "manutenção".

Os mortos eram sensíveis a isso e, em troca, podiam "interceder" junto aos deuses infernais em favor dos parentes que permaneceram na terra: achando-se próximos dessas divindades, na mesma Grande Aglomeração, eles tinham, acreditava-se, a possibilidade de se dirigir a elas no intuito de obter favores para seus descendentes. Parece até mesmo que, considerando essa proximidade e esse convívio, tenham-se atribuído a eles acessos particulares a segredos, relativos, sobretudo, ao futuro. Existiam "especialistas", em particular mulheres, que sabiam fazer os mortos "subirem de volta" para interrogá-los em relação ao porvir.

O SAL E A TAMARGUEIRA AFASTAM OS ESPECTROS

Tocamos, aqui, em um novo ilogismo da mitologia. Sendo a morte definitiva e a estadia dos defuntos justamente chamada de "País sem retorno", os finados deviam logicamente permanecer para sempre trancados por detrás das muralhas da Grande Aglomeração, que a imaginação por vezes septuplicava, em círculos concêntricos, para torná-las ainda mais formidáveis e intransponíveis. E, no entanto, há mulheres dotadas do poder de fazer os espectros "subirem de volta", no intuito de consultá-los! De resto, essa "saída" e o "retor-

O "PAÍS SEM RETORNO" DOS MESOPOTÂMIOS

no" dos mortos se conciliavam com a experiência dos sonhos, no decorrer dos quais eles eram revistos, e das assombrações, que se pensava provirem deles.

Esse modo de "*retorno*" era exercido principalmente quando os finados não estavam contentes com a "manutenção" assegurada pela família, com o esquecimento ou a mesquinhez de seus descendentes. Eles se uniam então à coorte dos espectros errantes, que nunca haviam sido enterrados e que vagabundeavam raivosamente pela superfície da terra, semelhante nisso aos "demônios", e capazes de se lançar sobre qualquer um para saciar sua vingança. Esse é um capítulo que nossos documentos ilustram com abundância: a nocividade dos mortos.

Imputavam-se a eles de bom grado perturbações nervosas ou psíquicas, mas ninguém sabe as razões dessa especialização. Chamava-se a isso de "mão de um fantasma", ou, em outros termos, de seu "poder", sua "intervenção" — nós diríamos "síndrome do espectro". Eis, por exemplo, uma enumeração de males a ele atribuídos:

> Se a "mão" de um fantasma apoderou-se do doente: ele sofre de manifestações epiléticas; (...) de sonambulismo (?);* de instabilidade de humor; de arrepios de

*As palavras aqui não traduzidas, mas apenas transcritas do acádio em uma tipografia diferente da do contexto, são desconhecidas ou pouco conhecidas, e seu referente preciso nos escapa. Sem falar do termo litúrgico *timru*, algumas parecem remeter a animais, a aves, talvez (*zamzaganu, bidshud, amursânu, agarukku, kippu* e *kamkam*); outras, a plantas (*halazzu*), e até mesmo, aparentemente, a legumes (*tuh'u, kanashû* e *hirsu*); a produtos cereais (*bâru* e *tiktu*) ou a condimentos: um derivado (sólido) do leite (*kisimmu*); e, sobretudo, a aliáceas (*shuhutinnû, samidu, andashu*). Nada se sabe realmente sobre o *zunumu*. Por outro lado, deve-se notar que a exatidão da tradução de certos termos ou expressões nem sempre é totalmente garantida, razão pela qual marquei-os com um prudente (?): cipreste (?), aneto (?), menta (?)...

NO COMEÇO ERAM OS DEUSES

medo ou de angústia; (...) ou seus ouvidos zumbem; ou ele permanece mergulhado em grande desespero; esquece o que acabou de dizer, ou não para de falar consigo mesmo; sua conduta é vacilante ou titubeante: fica permanentemente indeciso e ausente; muda sempre de opinião e de resolução; tem terrores noturnos frequentes, ou então, durante todo o dia, permanece abestalhado ou se lamenta; está com frequência envolvido em brigas em sua casa e em altercações fora dela, e mostra-se tão desagradável em relação aos que o cercam que todos o execram...

Outros "demônios" também provocavam no homem diversas doenças ou desordens, mas, como se vê, o espectro, a eles associado na etiologia dos males, era mais especializado — se assim se pode dizer — na psicopatologia...

Contra todas essas nocividades, foram estabelecidos procedimentos de ordem litúrgica, que, entrelaçando manipulações e orações, imploravam a intervenção dos deuses. Para os mortos, calculara-se assim uma dúzia, pelo menos, desses "exorcismos", que despertam grande interesse pelo fato de que ainda percebemos neles inúmeros traços próprios à mitologia da morte e dos mortos.

Ou bem se ficava contente, como em outros casos, de expor aos deuses o desamparo do doente, suplicando-Lhes que interviessem para dissipar a causa, ou bem se utilizavam diversos produtos, de ordem mineral (água, sal etc.) ou botânica (tamargueiras e muitas outras plantas), em especial, cujo uso tinha a reputação de afastar os espectros — um pouco como empregamos citronela para repelir mosquitos.

Ou então se confeccionava, em madeira, por exemplo, uma estatueta que supostamente representava e, portanto, substituía o defunto, e que era lançada ao fogo para desa-

O "PAÍS SEM RETORNO" DOS MESOPOTÂMIOS

parecer pelo próprio fato de ser consumida. Essa imagem podia também ser posta sobre uma pequena prancha, que fazia as vezes de um barco, e era levada pelo rio e naufragada; suprimiam-se assim o morto representado e as ameaças de sua cólera...

Podia-se também conjecturar que, como o fantasma em questão tinha razões para mostrar-se perverso, era preciso acalmá-lo, suprimindo tais razões. Se ele se queixasse que seus descendentes negligenciavam a modesta "manutenção" que lhe era necessária, preparavam-lhe algumas oferendas para apaziguar sua fome. Se estivesse entre aqueles mortos abandonados, sem sepultura na superfície da terra, podia-se enterrá-lo, representado por meio de uma estatueta, ou até mesmo, indo mais longe, adotá-lo, por assim dizer, *post mortem*, nas linhagens da própria família, oferecendo-lhe, no mesmo movimento (sempre sob a forma de uma daquelas inúmeras maquetes ditas "de substituição", muito usadas em magia e em exorcismo), um lugar na própria sepultura familiar.

FANTASMAS INVEJOSOS DOS VIVOS

Enfim, e esse não é o menos curioso dos ritos, podia-se ainda confiar o morto ao deus Dumuzi/Tammuz, que, de acordo com um ritual antigo, supostamente "morria" — ou, dizendo de outro modo, descia aos Infernos — uma vez por ano (para subir de volta seis meses depois): pedia-se a esse deus, patrono do gado miúdo e dos pastores, que mantivesse o fantasma sob Sua autoridade e proteção pastoral e que assim o levasse até a extremidade ocidental do mundo, para

NO COMEÇO ERAM OS DEUSES

reintroduzi-lo no Inferno e assegurar-se de que ali permaneceria devidamente trancafiado.

Antes de concluir, podemos ainda evocar uma última "contradição" da mitologia, a propósito do Embaixo, do Inferno. Temos textos que o apresentam sobretudo como um lugar sombrio, triste, tenebroso e melancólico, onde os mortos, entorpecidos ou levando uma existência larvar, passam o tempo a lamentar a vida que levaram na terra, ruminando com nostalgia as próprias lembranças. Os fantasmas ali são antes de tudo inativos, imóveis e sofridos. Outros documentos, ao contrário, os retratam não apenas como potencialmente perigosos para os homens, mas também como perversos, invejosos dos vivos e cheios de ódio contra eles, sem motivo e como que por natureza ou estado.

Um deles, da primeira metade do primeiro milênio antes de nossa era, é, especialmente, bastante curioso. Ele conta como, em sonho, um filho do rei descera ao Inferno e encontrado uma espantosa corte de "demônios", cada um mais horroroso e temível que o outro, sendo a maioria verdadeiros monstros terríficos e ameaçadores: assim, "Namtar" (Destino fatal), tenente do Inferno e executor de suas altas obras, agarrava com Sua sestra a cabeleira de um homem de pé, enquanto brandia com sua destra um gládio, como que para degolá-lo. No meio dessa corte, o soberano do Reino de Embaixo, Nergal, "sobre Seu trono real e ornado com Sua tiara", verdadeiramente magnífico, "movia a cabeça, inflava a voz de trovão, em fúria e, semelhante à tempestade que causa estragos, erguia com voz ameaçadora Seu cetro-divino, mais perigoso que uma víbora-de-chifres...", mostrando-se a tal ponto terrível que, diante dele, "o pró-

O "PAÍS SEM RETORNO" DOS MESOPOTÂMIOS

prio Inferno era inteiramente tomado de espanto e mantinha-se em silêncio absoluto".

"ABRA SUA PORTA PARA ME DEIXAR ENTRAR"

Trata-se de um quadro bastante diferente do Além, e que
se aproxima, em suma, das terríveis pinturas feitas dele anti-
gamente por pregadores enfáticos ou por autores devotos
enfurecidos.

Cheguei a pensar que esses dois quadros, afinal contraditó-
rios, constituíam os termos de uma evolução, de uma mudança
de imagem da condição dos mortos: primeiramente apenas
negativa e baseada na constatação de que a morte nos tira tudo
e nos mergulha em uma espécie de torpor indefinido; depois,
explicitamente agressiva e fundada em algo como uma "inve-
ja" dos mortos em relação aos vivos, uma forma de ódio vingativo que os frustrados sentem em relação aos bem providos.

Mas não estou de modo algum certo disso, uma vez que
o poema *A descida de Ishtar aos Infernos*, anteriormente citado, apresenta alusões bastante claras a dois aspectos anti-
pódicos do Inferno. O primeiro: os mortos caídos nas trevas
como pássaros noturnos refugiados em alguma gruta, silenciosos, imóveis, lúgubres, temerosos, figuram na parte inicial
do referido documento. Contudo, um pouco mais adiante,
quando a deusa chega diante da porta fechada do Inferno,
Ela ameaça o Porteiro para que a abra:

> Abra sua porta, Abra sua porta, para deixar-Me en-
> trar, Martelarei sua porta, até quebrar-lhe os ferrolhos;
> Sacudirei os alizares, até demolir os batentes; depois, farei
> os mortos subirem de volta, e eles devorarão os vivos.

NO COMEÇO ERAM OS DEUSES

Na realidade, trata-se, uma vez mais, de uma contradição, um ilogismo da mitologia, que explorava alternadamente os diversos aspectos da morte e do destino dos mortos. Toda a mitologia mesopotâmica, ou melhor, todas as mitologias, estão cheias de antíteses, paradoxos, ilogismos. Mas eles de modo algum impedem que, em seu conjunto, a representação da Morte e do Além feita pelos antigos mesopotâmios, em função de sua própria visão do universo e da hierarquia de valores, tenha algo, em si, de coerente e lógico.

E talvez essa imagem do Além não esteja tão distante daquela que nos transmitiam em minha infância — estou falando de longe! A única diferença verdadeira é nossa discriminação moral entre os mortos virtuosos e aqueles que não o foram, e sua separação local, sendo estes destinados a um Inferno subterrâneo análogo ao dos antigos mesopotâmios, e aqueles alojados "Em-cima", no Céu.

O que faz com que, também quanto a esse aspecto, mediante uma longa e interessante evolução, ainda sejamos os netos da velha Mesopotâmia.

TERCEIRA PARTE **Viver na Mesopotâmia**

CAPÍTULO I O amor livre na Babilônia*

*Este artigo foi publicado em *Les Collections de L'Histoire* n° 5, pp. 8-13.

Ao lado do Egito, a Mesopotâmia é o mais antigo país a conhecer e a utilizar a escrita, da qual nos deixou, entre 3000 a.C. e o início de nossa era, um monumental amontoado de peças: algo como meio milhão de tabuletas, desde os mais minuciosos cálculos de boticários até as criações mais desenfreadas do imaginário.

Seria bastante surpreendente se, nessa gigantesca confusão, esquadrinhada há mais de um século pelos assiriólogos, não encontrássemos, entre outros tesouros, material que nos permitisse ter uma ideia da vida sexual e amorosa dos antiquíssimos habitantes do país onde nasceu, na virada do quarto para o terceiro milênio antes de nossa era, a primeira grande civilização verdadeiramente digna desse nome, complexa e refinada em todos os domínios da existência.

E se os mesopotâmios ignoravam muito de nossos "tabus" em torno do sexo e de seu uso, eles, ao contrário de nossos contemporâneos, não gostavam de se valer exageradamente, pelo menos por escrito, de suas preocupações, capacidades e proezas nessa área. Estas lhe pareciam demasiado naturais para que valesse a pena dissertar a respeito. De resto, até mesmo na porção mais personalizada de sua literatura e correspondência, parecem ter conservado um estranho pudor em relação aos sentimentos mais íntimos: não

NO COMEÇO ERAM OS DEUSES

encontramos a menor declaração de amor, nem sequer de efusão ou ternura. Tais movimentos do coração só se dão a ver raramente e são mais sugeridos do que expressos. É o que vemos na missiva em que a rainha de Mari, por volta de 1780 a.C., deseja a seu esposo em campanha que retorne o mais breve possível ao país natal, "tranquilo e satisfeito", e convida-o a usar as lãs que preparou e que lhe envia pelo mesmo mensageiro.

Se, portanto, em meio à herança literária deles, não se pode esperar encontrar muita coisa a respeito do que o amor — sentimento, paixão ou simples diversão — possa ter desencadeado em termos de experiências ou de dramas pessoais, resta um amplo material que permite vislumbrar como esses velhos ancestrais o compreendiam, como o praticavam e muitos dos prazeres e dores que ele podia trazer às suas vidas. Como imaginaram seus deuses a partir da superlativação de seu próprio modelo, inúmeras peças que têm por tema esses altos personagens nos revelam tanto — ou até mais — quanto se simples mortais estivessem em cena. Encontraremos mais adiante exemplos sugestivos.

Na Mesopotâmia, como entre nós, impulsos e capacidades amorosas foram tradicionalmente canalizados pela coerção coletiva, visando a assegurar o que se considerava a própria célula do corpo social, a família, e prover, assim, a sua continuidade. A vocação primordial de cada homem e mulher, seu "destino", como se dizia, associando as coisas a uma vontade radical dos deuses, era, portanto, o casamento. E reputavam-se como marginais, destinados a uma existência languescente e infeliz,

> o rapaz que permaneceu solitário (...), não tendo
> tomado uma mulher nem criado filhos, e a jovem (que
> não fora) nem deflorada nem engravidada, (de quem)
> nenhum marido tinha desafivelado e tirado o vestido
> (para) apertá-la contra si e fazer-lhe experimentar o
> prazer, (até que) suas mamas se inchassem de leite (e)
> ela se tornasse mãe.

O casamento, normalmente monogâmico, se fazia muito cedo, arranjado pelos pais dos futuros esposos desde a infância, às vezes antes mesmo do nascimento, com o risco de só reuni-los quando a esposa estivesse núbil. Era então que esta deixava a família para "ser introduzida na casa paterna de seu esposo", onde permaneceria até a morte, a menos que fosse estéril e incapaz de realizar sua função essencial; nesse caso, o marido podia repudiá-la.

Essa instituição não bastou para esgotar, se assim se pode dizer, todas as possibilidades amorosas, o que pode ser percebido em primeiro lugar pela faculdade concedida a cada homem de, ao sabor de suas fantasias e, principalmente, de suas capacidades econômicas, levar para casa "segundas esposas" ou concubinas. Mas isso se vê sobretudo pela quantidade de "acidentes de percurso", aventuras ou dramas conjugais assinalados aqui e ali nos manuais de casuística jurisprudencial que foram equivocadamente chamados de "códigos de leis", nas peças de processos judiciários e nos tratados divinatórios, nos quais os presságios e o futuro, dos quais estavam carregados, não transpunham praticamente nada além do "já vivido".

Encontram-se homens que se lançam "em plena rua" sobre mulheres para seduzi-las ou violá-las; ou que se deitam

NO COMEÇO ERAM OS DEUSES

com elas em segredo, sejam ou não casadas, sob o risco de serem surpreendidos pelo marido, pelo pai ou por testemunhas incômodas. Encontram-se mulheres dando suas escapulidas e fazendo-se maldizer; outras consideradas *"fáceis"*; outras que enganam seus esposos, sem nenhum pudor ou às escondidas, mediante os bons ofícios de amigas complacentes ou de alcoviteiras; outras, ainda, que abandonam "até oito vezes" o lar ou se tornam prostitutas; outras, enfim, que vão a ponto de se livrar do marido incômodo denunciando-o, mandando matá-lo ou até mesmo trucidando-o com as próprias mãos...

Caso fossem descobertas, tais faltas eram severamente punidas pelos juízes, inclusive com pena de morte: as dos homens, se houvessem causado dano grave a terceiros; as das mulheres porque, secretas, podiam prejudicar a coesão da família. Sem contar que, naquele país de arraigada cultura patriarcal, o homem era, de pleno direito, o senhor absoluto de sua mulher, assim como de seus servidores, seu gado e seus bens.

Ao lado do amor "assujeitado" às necessidades da sociedade, havia lugar para o que chamei de amor "livre", praticado por cada um visando ao próprio prazer. Para que não prejudicasse ninguém, era assegurado por "especialistas", que exerciam o que chamaríamos de prostituição. Considerando os gostos e pontos de venda do tempo e do país, de acordo com os quais o amor não era necessariamente homossexual, esses empregados do amor "livre" eram profissionais de ambos os sexos.

Contudo, diferentemente do que ocorre entre nós, há fortes chances de que seu ofício fosse bastante colorido de religiosidade. Não apenas participavam, nessa qualidade, de cerimônias litúrgicas, em particular em certos santuários, como

O AMOR LIVRE NA BABILÔNIA

lhes fora dada como patrona e modelo a deusa chamada Inana em sumério e Ishtar em acádio, a mais notória do panteão, onde tinha o título de "Hierodula": prostituta sobrenatural.

Esses oficiantes do amor "livre" eram aparentemente numerosos, sobretudo em torno de certos templos. Eram tratados como marginais e relegados à fronteira do espaço socializado das cidades, na região das muralhas, e parecem não ter sido protegidos contra maus-tratos, humilhação e desprezo. Um mito sumério nos sugere a razão: eles tinham, em suma, "faltado ao próprio destino" — as mulheres, o de ter apenas um esposo, para dar-lhe filhos, e os homens, o de desempenhar no amor um papel masculino.

Semelhante julgamento depreciativo dos que viviam a serviço do amor "livre" não impedia que este gozasse, como atividade humana, da mais alta estima e que constituísse uma prerrogativa essencial do que chamaríamos de cultura refinada. Outro mito sumério nos explica isso sem rodeios, e a prova está na história de Enkidu, o futuro amigo e companheiro de Gilgamesh no início de *A epopeia de Gilgamesh* em acádio.

Nascido e criado na estepe, com animais selvagens como única companhia, espécie de fera poderosa e de "belo animal", Enkidu descobre o amor verdadeiro — não mais bestial, mas com uma mulher de verdade, experimentada e lasciva — graças a uma prostituta que lhe é enviada para amansá-lo:

> Ela deixou cair sua echarpe/ E descobriu a vulva, para que ele pudesse gozar dela./ Ousadamente, ele a beijou na boca ("tirou-lhe o fôlego")/ E tirou-lhe as vestes./ Deitou-se então sobre ela,/ Que mostrou a esse selvagem,/ O que pode fazer uma mulher,/ Enquanto ele, com suas carícias, a mimava.

NO COMEÇO ERAM OS DEUSES

Após "seis dias e seis noites", ele se encontra completamente subjugado por essa feiticeira e disposto a segui-la a qualquer lugar. Ela o faz, então, deixar a estepe natal e seus companheiros animais, que, aliás, desde então fogem dele, e leva-o para a cidade, onde, graças a ela, "torna-se um homem" no sentido pleno da palavra: cultivado e civilizado. Foi o amor "livre" que, da natureza, introduziu-o na cultura. Não se pode deixar mais claro o quanto essa possibilidade de exercer livre e plenamente, se necessário com a ajuda de "peritos", as capacidades amorosas nativas era considerada um dos privilégios da alta civilização.

É evidente que, até onde sabemos, nenhuma interdição explícita, nenhuma inibição, consciente ou não, vinha frear o exercício dessa prerrogativa. Fazer amor era uma atividade natural, tão culturalmente enobrecida quanto o ato de comer era magnificado pela cozinha. Em nome do que alguém se sentiria destituído, diminuído ou culpado diante dos deuses ao praticar o amor, como quer que fosse, se, ao fazê-lo — isso é evidente numa sociedade tão civilizada —, não prejudicasse terceiros nem infringisse nenhum dos interditos habituais que esquadrinhavam a vida cotidiana? Por exemplo, em certos dias do ano (no dia 6 do mês de *Tashrît* — setembro/outubro — para citar apenas um), era desaconselhado ou proibido, não se sabe por que razão, fazer amor. E mais: determinadas mulheres pareciam ter sido, por alguma razão, "reservadas" aos deuses, algumas totalmente, outras em parte, e constituía uma falta grave dormir com aquelas ou fazer um filho nestas.

Exceto por essas restrições, não apenas a prática do amor não apresentava o menor problema "de consciência", como também os deuses em pessoa estavam sempre dispostos, por menos que isso lhes fosse solicitado pelos ritos, a contribuir para seu êxito. Resta-nos, assim, um certo número de orações e de exercícios devotos "para (favorecer) o amor de um homem em relação a uma mulher", "de uma mulher em relação a um homem", ou ainda "de um homem em relação a um homem" (embora a simetria esperada, "de uma mulher em relação a uma mulher", não figurasse na lista, sabemos por outras fontes que o amor sáfico não era evidentemente desconhecido); outros, "para seduzir uma mulher"; "para conseguir fazer amor" (literalmente "rir", um desses inúmeros sinônimos imagéticos, presentes em toda linguagem erótica, para designar a união dos sexos); outros, "para o caso em que um homem ainda não tivesse logrado dormir com uma mulher"; outros ainda, "para que uma mulher se deixasse seduzir" etc.

Outros procedimentos, análogos, espécies de encantamentos, porém mais ou menos subordinados à ajuda implorada aos deuses, e que por isso devem ser considerados mais "sacramentais" do que "mágicos" — grandes quantidades deles foram encontradas, relativas a todos os setores da vida individual ou social —, são talvez ainda mais eloquentes. Um catálogo, em parte perdido, enumerava pelo menos setenta desses procedimentos, mas não foram encontrados mais do que trinta, muitos em mau estado. Todos são colocados na boca da parceira ("a mulher" e não "a esposa"!), com o objetivo de que o amante, "resistindo" até o fim, lhe assegurasse o prazer físico que ela tinha o direito de esperar, dada a aproximação dele. Essa capacidade do homem de levar sem falta sua amante até o orgasmo era chamada, na língua erótica, *nîsh libbi*, literalmente "nascer do coração" — metáfora transparente.

NO COMEÇO ERAM OS DEUSES

Tais "preces" são notáveis. Dirigidas aos deuses e deusas, sublinham a que ponto prazer sexual e sentimento religioso eram compatíveis. Atestam também que, em uma sociedade aparentemente tão "machista", como se diz hoje, a mulher, no amor, era, de fato, igual ao homem: tinha direito como ele ao prazer, não era um objeto nem um instrumento, mas uma verdadeira parceira — o que vale a pena sublinhar.

"SOU ARDENTE"

O próprio conteúdo dessas devoções é particularmente saboroso: faz com que entremos, se podemos dizer assim, na intimidade do casal em ação. Encontramos uma amante inflamada, agitada e meio louca, que fala sem parar e urra de desejo e prazer. São excelentes documentos da vida amorosa. Eis um exemplo feito apenas de gritos, mas muito eloquentes!

> (Prece.) Excite-se! Excite-se! Enrijeça! Enrijeça! Excite-se como um cervo! Enrijeça como um touro selvagem! (...) Faça amor comigo seis vezes como um corço! Sete vezes como um cervo! Doze vezes como um perdigão! (Animais reputados por seu vigor sexual.) Faça amor comigo porque sou jovem! Faça amor comigo porque sou ardente! Faça amor comigo como um cervo! E eu, protegida pelo deus Ningirsu (que deveria ter sobre o presente artigo uma autoridade que não nos é de nenhum outro modo atestada), te acalmarei!

E já que estamos na alcova, permaneçamos nela mais um pouco graças a um documento bastante inesperado e muito sugestivo. Trata-se do capítulo dedicado às relações conjugais e sexuais de um enorme tratado divinatório. Não encontramos nele aspectos rotineiros, banais e constantes — nada se diz, por exemplo, sobre "posições" universalmente adotadas e mais comuns —, mas apenas fantasias inabituais ou acidentes que podiam ocorrer durante as brincadeiras.

Acontecia, por exemplo, que se escolhesse um local excêntrico, em vez de limitar-se a seu lugar de costume, "o quarto de dormir": era possível que se pusesse na cabeça "fazer amor sobre o teto da casa", "sobre o umbral da porta", "no meio de um campo ou de um pomar", "num lugar deserto", "num caminho sem saída" ou ainda "em plena rua", seja com uma mulher qualquer, sobre a qual o homem se "lançava", seja com uma prostituta; e podia-se também, sozinho ou com a parceira, ir nesse intuito "à taberna", que fazia as vezes de bodega e de bordel ao mesmo tempo...

Diversas "posições" pouco habituais podiam ser adotadas: "de pé", "numa cadeira", "transversalmente" ao leito ou à parceira, "pegando-a por trás" ou mesmo "sodomizando-a"; ou então "cavalgado por ela", e até mesmo "preferindo fazer o papel feminino"... Fazia-se também amor homossexual e, nesse caso, ou sodomizava-se "alguém de seu meio" — em outros termos, um não profissional — ou "um dos próprios domésticos" ou "dos servidores", se não se recorresse a um homossexual qualificado; ou ainda, preferia-se tão deliberadamente "submeter-se a outros homens" que acabava-se sendo tomado por um profissional.

NO COMEÇO ERAM OS DEUSES

É notável que nunca tenha sido encontrada, nesses documentos ou em outros, a menor alusão ao uso sexual da boca, de modo que podemos nos perguntar se a felação e a cunilíngua — bem conhecidas na época em outras partes, como, por exemplo, no Egito — não eram objeto de uma aversão particular ou de um interdito consuetudinário. Em compensação, a sodomia era comum, com as mulheres assim como com os homens, prática atestada não apenas por numerosas estatuetas, mas também por textos que falam dela sem desvio. Encontra-se essa prática até mesmo como "contraceptiva": um tratado de extispício — ou exame do estado das entranhas do animal sacrificado — menciona uma sacerdotisa que "se faz sodomizar para evitar ficar grávida".

A esse quadro da vida sexual, os textos médicos acrescentam alguns toques. Assinalam-se doenças que o paciente deve ter contraído, aparentemente por contágio, "enquanto estava na cama com uma mulher" — em outras palavras, fazendo amor com ela — e afecções propriamente venéreas, que eram chamadas de "doenças do coito". Duas ou três passagens, que têm algo de comovente porque o retrato, em suma, ainda nos é familiar, chegam a descrever "o mal de amor":

> Quando o paciente não para de tossicar; a palavra lhe falta com frequência; ele fala constantemente sozinho e ri sem razão em todo canto (...); fica deprimido, com a garganta apertada, sem o menor prazer em comer ou beber, e não cessa de repetir, em meio a grandes suspiros: "Ah! meu pobre coração!" —, ele está sofrendo do mal de amor.

E o texto, que — exceto por doenças específicas — só se ocupa do sexo masculino, acrescenta a seguinte observação, que não posso evitar achar enternecedora: "Para o homem e para a mulher, é a mesma coisa!"

SUSPIROS E ARREBATAMENTOS

Isso ultrapassa a dimensão do simples erotismo e nos introduz no domínio do amor-sentimento. É na literatura propriamente dita, sobretudo na poesia, que temos mais chances de encontrar alguns ecos desses suspiros, desses arrebatamentos, dessa chama, dessa doçura, dessa ternura, por vezes dessas tempestades e desse furor, que traduzem a ligação visceral com "o outro", a irreprimível necessidade que se sente dele: o verdadeiro amor do coração, que com certeza pode despertar o erotismo e apoderar-se dele, mas que não precisa verdadeiramente dele para alimentar-se e, de toda maneira, o anima, o torna algo nobre e o coloca à altura do homem.

Poemas e cantos de amor "profanos" são raros nas belas cartas mesopotâmicas que recuperamos. A única peça ainda inteira em nossa posse, de cerca de cinquenta linhas, das quais nos restam dois terços, é, contudo, muito notável. Composta aproximadamente em 1750 a.C., em um acádio arcaico e ultraconciso, com vocabulário particular e obscuro, cheia de traços que, 38 séculos depois, nos escapam, ela é dividida em curtas "estrofes", que constituem os elementos de um diálogo entre dois amantes. Ao menos fica claro que tudo se passa apenas no plano dos sentimentos e do coração: não há a menor alusão ao sexo, o menor erotismo no discurso! O tema é simples: a amante suspeita que seu bem-amado tem fraquezas por outra. Ela se queixa; grita seu amor, que floresce naturalmente em um ciúme ao mesmo tempo terno e veemente. Mas ela se diz convencida a reconquistar o inconstante com sua lealdade! Eis, ao acaso das estrofes, como se expressa:

> Permanecerei fiel a você,/ Que Ishtar-a-Soberana seja minha testemunha:/ Meu amor prevalecerá,/ E aquela má língua (sua rival!) ficará desconcertada./ Doravante, agarro-me a você/ E compensarei seu amor com o meu! (...)
>
> Mas não, ela não ama você!/ Que Ishtar-a-Soberana a desconcerte,/ E que ela perca, como eu, o sono,/ E permaneça noites abalada e arrasada! (...)
>
> Sim! Vou abraçar meu querido:/ Vou cobri-lo de beijos/ E não vou parar de comê-lo com os olhos!/ Assim triunfarei sobre minha rival;/ Assim reencontrarei meu bem-amado! (...)
>
> Pois é seu encanto que procuro,/ É de seu amor que tenho sede!

Diante dessas declarações comoventes e ardentes, o papel do apaixonado não é dos melhores: como todos os homens nesses casos — e, estamos vendo, desde os tempos mais remotos! —, ele se contenta com negações, mau humor e respostas enviesadas, que de modo algum desanimam sua interlocutora:

> Não diga nada!/ Chega de tanto discurso!/ Não é preciso falar para dizer nada!/ Mas não, não estou mentindo!/ Na verdade, é o mesmo que agarrar vento/ Esperar seriedade de uma mulher! (...)

Não acredite no que lhe repetem:/ Que você não seria mais a única para meus olhos! Mas se você quer a verdade,/ Seu amor agora, para mim, não passa/ De perturbação e desgosto! (...)

E, no entanto, vencido ao final pela fidelidade, discrição e ternura de sua apaixonada, volta para ela, como ela esperava:

Sim! Você é a única que conta!/ Seu rosto é sempre tão bonito!/ Ele é como antes,/ Quando eu me abraçava a você/ E você repousava a cabeça em mim!/ Agora só chamarei você de "Encantadora",/ E "Sábia" será seu único título para mim!/ Que Ishtar seja minha testemunha:/ Doravante sua rival será nossa inimiga!

"É SÓ POR ESTA NOITE!"

Trata-se, repito, de um documento único, e é digno de real interesse que tenha sido dedicado a exaltar o amor puro e desinteressado de uma mulher ao mesmo tempo que ofusca o sentimento que lhe dedica o homem amado por ela. A prova de que muitos outros poemas ou contos amorosos análogos — evidentemente que não todos no mesmo sentido — foram escritos e difundidos, mesmo que a sorte não os tenha conservado para nós ou que nossos arqueólogos ainda não os tenham exumado, reside em um catálogo do fim do segundo milênio antes de nossa era, que reunia, por seu "título" (em outros termos, suas primeiras palavras), quase quatrocentos deles, dos quais resta-nos cerca de um quarto. Como esses títulos são suficientemente eloquentes por si mesmos, eis alguns, que compõem um belo quadro dos sentimentos amorosos:

> Vá embora, sono! Quero apertar meu querido em meus braços!
> Quando você fala comigo, quase me mata de me encher o coração!
> Ah! eu piscaria para você com o olho direito...
> Estou apaixonada por seus encantos!
> Não fechei o olho a noite inteira:/ Sim, fiquei de vigília a noite toda, meu querido!
> Oh, felicidade! O dia só me trouxe boas notícias!
> Uma, que não me vale, pôs na cabeça que quer me suplantar...
> É só por esta noite! Só por hoje!
> Como ela é encantadora! Como é bela!
> Ela está buscando o belo Jardim do prazer que você vai lhe dar!

A maior parte dos poemas e cantos de amor que foram preservados giram em torno da deusa em que se viam ao mesmo tempo a Protetora e o Modelo sobrenaturais do "amor livre": Inana/Ishtar.

Imaginados a partir do padrão dos homens, os deuses também tinham suas esposas, e até concubinas; fundavam famílias, tinham filhos. Nesse plano, tudo acontecia entre eles sem problemas, e não conhecemos mitos ou lendas que — como entre os gregos — repercutam tempestades e dissabores conjugais entre divindades.

Mas os deuses também praticavam o amor "livre". Foi sobretudo a personalidade excepcional de Inana/Ishtar, totalmente independente, sem o menor laço conjugal ou ma-

O AMOR LIVRE NA BABILÔNIA

terno, entregue apenas aos próprios caprichos e às próprias paixões, que inspirou, na matéria, inúmeras narrativas e cantos. Atribuíam-se a ela muitas aventuras, mas foi da primeira que se guardou a lembrança mais viva e comovente, e dela resta uma documentação mitológica e lírica impressionante. Trata-se de seu "amor de juventude" com Dumuzi (em sumério)/Tammuz (em acádio), um soberano arcaico, que fora outrora heroicizado e depois alçado à fileira dos deuses; era considerado um pastor. Contava-se que Inana havia, de início, hesitado entre ele e o deus lavrador Enkidu — provável eco de uma situação econômica e social determinada mas que, devido ao seu recuo, nos escapa inteiramente, nesse país em que agricultores e criadores de gado miúdo, principais agentes na produção dos recursos locais, rivalizaram por muito tempo.

Um documento em sumério a descrevia sonhando com o amor:

> Quando me tiver banhado para o Senhor, para Dumuzi,/ Quando tiver adornado o ventre,/ Coberto meu rosto de creme,/ Quando tiver pintado os olhos de khol,/ Quando suas mãos encantadoras me apertarem as costas,/ Quando, deitado em frente a mim, ele apalpar meus seios leitosos e suculentos,/ Quando puser a mão em minha vulva preciosa,/ Quando seu membro, semelhante a uma proa, trouxer-lhe a vida,/ Então, eu também o acariciarei longamente (...)/ Ele colocará sua mão em minha mão, seu coração contra o meu coração:/ Que doce repouso dormir com sua mão em minha mão!/ Que suave prazer apertar seu coração contra o meu coração!

Acontecia-lhe também sair, furtivamente como uma adolescente apaixonada, para ir ao encontro de seu querido sob as estrelas, "que cintilavam como ela", e depois demorar-se sob suas carícias e perguntar-se, de repente, vendo a noite avançar, como ia explicar à mãe sua ausência e seu atraso: "Deixe-me! Tenho que voltar!/ Deixe-me, Dumuzi! Tenho que voltar!/ Que mentira vou contar à minha mãe?/ Que mentira vou contar à minha mãe Ningal?" E Dumuzi lhe sugeria a resposta: ela fingiria ter sido levada por suas amigas para ouvir música e dançar... Parece realmente que nos referimos aos dias de hoje!

Os amores de Inana e Dumuzi foram também celebrados na liturgia, especialmente na virada do terceiro para o segundo milênio a.C., de acordo com nossas informações. Esse "Casamento sagrado", essa união dos dois amantes sobrenaturais, era ao mesmo tempo figurado e realizado: não sob a forma das imagens dos deuses, como será o caso mais tarde, mas como uma verdadeira noite de amor entre o soberano do país, representando Dumuzi, e uma "sacerdotisa" fazendo o papel de Inana.

UM PRAZER DOCE COMO O MEL

Encontramos um dossiê completo a esse respeito, e os arqueólogos que trabalhavam em Uruk, em 1935, chegaram a exumar o colar de uma certa Kubatum, "querida do rei Shû-Sîn" (por volta de 2030 a.C.), que sabemos ter ao menos uma vez desempenhado esse papel. Para tais ocasiões, compunham-se cantos ou recitativos de circunstância, às vezes ainda comoventes, a despeito dos inevitáveis clichês desses poemas de corte.

Ao menos um exemplar foi inteiramente conservado. Ele evoca o Cântico dos cânticos de nossa Bíblia e, datado também da época do rei Shû-Sîn, foi posto nos lábios da encantadora Kubatum:

> Oh, meu amante, querido do meu coração,/ O prazer que você me dá é doce como o mel!/ Oh, meu leão, querido do meu coração,/ O prazer que você me dá é doce como o mel!/ Você me sequestrou! Tremo toda em sua presença!/ Como eu queria, meu leão, ser levada por você ao seu quarto!/ Deixe-me acariciá-lo, meu querido!/ Meu doce querido, quero mergulhar em suas delícias!/ Você teve prazer comigo, meu querido:/ Diga isso então a minha mãe, para que ela lhe ofereça guloseimas!/ E diga a meu pai: ele lhe dará presentes!/ Sua alma, eu sei como agradar sua alma:/ Durma em nossa casa, meu querido, até o nascer do dia!

Da ternura à paixão, da doçura à volúpia, essas brincadeiras de Inana e Dumuzi não passam, em suma, da projeção em uma tela sobrenatural dos arrebatamentos que agitavam a carne e o corpo dos homens. Eles traduzem não apenas os amores de nossos velhos ancestrais da Mesopotâmia, mas também os nossos, uma vez que ainda podemos vibrar diante desses quadros lascivos e ternos, diante desses murmúrios e gritos de paixão imortalizados em tão belos poemas há cerca de quatro milênios!

Essas pessoas se haviam introduzido tão bem nos segredos do coração que já compreendiam que os grandes amores sempre acabam mal. Seus mitos nos contam em detalhe como Inana/Ishtar, no fim das contas, abandonava covardemente

NO COMEÇO ERAM OS DEUSES

seu amante, condenando-o à morte e mandando-o para o Reino das Sombras, no qual ela um dia imprudentemente se perdera, só tendo conseguido livrar-se da poeirenta Masmorra sob a condição de fazer-se substituir. Toda uma série de elegias, que encontramos quase inteiras, deplorava as angústias e torturas do infeliz Dumuzi/Tammuz, perseguido pelos esbirros infernais que reclamavam sua presa. E, como que para dar um último toque a esse quadro amoroso, elas sublinhavam o heroico sacrifício da irmã do pobre amante rejeitado, Geshtinanna, que se oferecia para partilhar com ele sua estadia no Império dos Mortos! Assim, já se opunha o verdadeiro amor, desinteressado e nobre, à ruidosa mas frágil e ilusória embriaguez da paixão.

CAPÍTULO II # Moral e sabedoria dos mesopotâmios*

---

*Este artigo foi publicado na revista *L'Histoire* n° 225, pp. 78-84.

Tinham os mesopotâmios uma moral? Se entendermos por esse termo o conjunto de regras que devem dirigir a atividade livre dos homens, então é claro que tinham uma moral! Ninguém pode viver normalmente sem que sua atividade livre seja orientada para uma certa felicidade, da coletividade ou de cada pessoa. Se bastasse responder sim ou não à pergunta que dá início a este artigo, ela já estaria inteiramente resolvida.

Na realidade, tal interrogação é formulada apenas para propiciar a oportunidade de vislumbrar essa "moral" dos velhos mesopotâmios. Em outras palavras, de nos fazer penetrar um pouco na vida e na maneira de viver desse povo antigo e famoso que, depois de ter inventado, há 6 mil anos, uma alta civilização inteligente, original e poderosa, e de tê-la enriquecido e preservado ao longo de mais de três milênios, desapareceu, nas proximidades de nossa era, depois de ter dominado com toda a sua altivez cultural todo o Oriente Médio, e de tê-lo alimentado tão bem com suas ideias, descobertas e técnicas. Podemos hoje considerá-lo com justiça nosso ancestral cultural discernível mais antigo, já que educou em parte nossos pais: não apenas os israelitas autores da Bíblia, mas também os antigos gregos, criadores de nossa mentalidade, de nosso pensamento. Dos dois lados, descen-

NO COMEÇO ERAM OS DEUSES

demos dos mesopotâmios, e tudo o que lhes diz respeito nos toca. É por isso que, após abordar seus valores e sua vida moral, ou os princípios de conduta que os dirigiam, não me furtarei a lançar um olhar sobre nós mesmos, para ressaltar nossas semelhanças e sobretudo nossas diferenças em relação a eles, no que diz respeito à "moral".

Não se falava muito no assunto na Mesopotâmia. A palavra nem sequer existe na língua do país, pois, como tudo o que é mais intrínseco à existência, inclusive à nossa, essas regras de conduta são normalmente implícitas, sem que se sinta a necessidade de remeter a elas ou defini-las. Na Mesopotâmia, os documentos escritos que registram mais visivelmente essas normas são o que chamamos de "Códigos", que supostamente enumeram e detalham "leis".

AS 2.800 LINHAS DO CÓDIGO DE HAMURÁBI

Aqui é preciso esclarecer as coisas. Todo mundo já ouviu falar do famoso Código de Hamurábi, pesada estela de 2,25 metros de altura que, em cerca de 2.800 linhas e com 282 parágrafos (que chamamos de "artigos"), contém o texto publicado por esse rei da Babilônia por volta de 1750 a.C. Em sua descoberta, no início do século XX, ele não apenas despertou espanto e admiração como também foi logo considerado um "Código", um conjunto sistemático de "leis". Desde então, os pontos de vista mudaram bastante.

Em primeiro lugar, encontramos, ao menos em fragmentos, meia dúzia de documentos análogos, dos quais o mais antigo data de por volta de 2100 a.C., e o mais recente de 1200 a.C. Em seguida, percebeu-se que não se podia tratar de ver-

MORAL E SABEDORIA DOS MESOPOTÂMIOS

dadeiros "Códigos", uma vez que não tinham por meta reunir sistematicamente a legislação inteira do país, e que seu conteúdo não era sequer de verdadeiras "leis", isto é, enunciados universais, sancionados pela autoridade legítima, para impor uma conduta social determinada. Na realidade, eram conjuntos, não de "leis", mas de "sentenças", dadas pelo rei ou por um de seus representantes para resolver um problema particular de comportamento público, mas que foram despojadas de todas as notas individualizantes para conservar apenas o essencial de sua significação: de um lado, um problema de conduta, do outro, sua solução.

"SE UM HOMEM ROUBOU ALGUM BEM DO TEMPLO, SERÁ EXECUTADO"

Por acaso, é possível adivinhar, com alguma verossimilhança, como se procedeu para redigi-las. Resta-nos uma carta do próprio Hamurábi na qual, ao dar ordens a altos funcionários, diz-lhes:

> Queiram resgatar Sîn-ana-Damru-lippalis, o filho de Maninum, que o inimigo aprisionou. Para esse fim, entreguem ao negociante que o trouxe de volta [do estrangeiro] para casa a soma de 80 gramas de prata (cerca de 1.500/1.800 litros de grãos ou 5 ovelhas, preço bastante baixo!), retirados do tesouro do templo da cidade dele, a saber, do templo do deus Sîn.

Trata-se, portanto, de um soldado do rei, aprisionado no decorrer de uma campanha, que um negociante itinerante encontrou no país em que ele estava detido, resgatando-o por "10 siclos", soma que o rei quer que lhe reembolsem, retirando-a do tesouro do templo principal da cidade do ex-prisioneiro. Ora, esse caso, com todos os seus detalhes concretos, de simples incidente do cotidiano foi transformado em modelo de conduta pública, sendo inserido, a esse título no "Código" (parágrafo 32):

> Se um negociante itinerante resgatou, no estrangeiro, um militar que havia sido aprisionado no decorrer de uma campanha do rei, e trouxe-o de volta para casa, e se na família do dito militar há como pagar seu resgate, ele mesmo o pagará; caso contrário, o valor será retirado do tesouro do templo de sua cidade...

O "Código" é, portanto, um florilégio desses "casos" julgados e das decisões tomadas; e se o autor ali as reuniu e classificou, foi, como ele mesmo o diz, para ensinar a seus sucessores (e aos representantes deles, os juízes) a fazer justiça, a julgar. São de certa forma modelos de julgamentos, e os "Códigos" são uma antologia desses modelos: à custa de relê-los e meditar sobre eles, os juízes deviam e podiam adquirir, de alguma maneira, o *senso* da justiça tal como ela era concebida no país — um pouco como, ao repetir nossas tabelas de aritmética, adquirimos, insensivelmente, não os princípios, mas o senso da adição, da multiplicação etc.

Desses "modelos de julgamento", assim transformados em *princípios de conduta social*, trarei agora alguns exemplos, colhidos na obra de Hamurábi:

MORAL E SABEDORIA DOS MESOPOTÂMIOS

Se um homem acusar alguém de assassinato sem fornecer provas, o acusador será executado (artigo 1). Se um homem roubar algum bem do Templo ou do Palácio, será executado. Será igualmente executado quem quer que receba da mão do ladrão o objeto roubado (6). Se a esposa de um homem for surpreendida em flagrante delito de adultério, os dois culpados serão acorrentados e atirados na água. Se, contudo, o marido quiser deixar sua esposa viva, o rei deixará seu cúmplice igualmente vivo (129). Se a esposa de um homem for acusada de adultério por seu marido, sem jamais ter sido surpreendida em flagrante delito, ela prestará juramento de inocência e voltará para casa sem que ninguém a perturbe (131). Se um homem de qualidade esbofetar outro, dar-lhe-á 500 gramas de prata; se se trata de um homem simples: 80 gramas. Se um servidor esbofetear um homem de qualidade, cortar-lhe-ão a orelha (202-206). Se um pedreiro construir uma casa para alguém, este último lhe dará, como valor do trabalho, 16 gramas de prata por 36 metros quadrados de construção. Se o pedreiro não garantir a solidez do edifício e a casa desabar, causando a morte de seu proprietário, o pedreiro será executado; se o filho do proprietário da casa morrer, o filho do pedreiro será executado (228-230).

Todas essas "sentenças-modelo" são, portanto, diretrizes de conduta social que visam ao bem comum, ou, o que é a mesma coisa, que tentam evitar comportamentos nocivos ao bem-estar de todos. Elas ensinam a todos, de maneira coerciva, da parte da autoridade do soberano, como se comportar para a boa ordem da coletividade. Obrigatoriamente,

NO COMEÇO FRAM OS DEUSES

todas apelam para "valores morais", evidentemente reconhecidos no país: o sentimento da justiça devida a qualquer um; a necessidade de confiar em um indivíduo enquanto ele não se houver mostrado culpado; a equidade, que pretende que cada um seja responsável pelo que fez ou deixou de fazer... Entretanto, como elas regulamentam antes de tudo a vida pública, como são oficialmente proclamadas e coercivas (sob pena de castigo), é claro que estão fundadas em valores morais — e antes de tudo em uma ideia do bem e do mal —, mas representam em primeiro lugar o que chamamos de Direito.

Ora, a Moral, subjacente ao Direito, vai muito mais longe do que ele: cobre tudo o que chamamos de vida privada, aquilo que, em nossa existência, não tem repercussão sobre a comunidade ou incidências graves, que praticamente não têm chances de perturbar a vida coletiva e que, portanto, não são da alçada da autoridade comum, mas apenas do livre-arbítrio de cada indivíduo, que aprendeu seu "dever" não por meio de um enunciado proclamado ou escrito, mas de sua educação e dos exemplos que pôde ver ao seu redor enquanto aprendia a viver. Cada civilização é assim definida e particularizada por um certo número de axiomas que não são necessariamente articulados, mesmo que aconteça de serem lembrados quando necessário, mas que traduzem a ideia comum que se faz do bem de cada um, da conduta de que ele deve resultar: as "coisas que se fazem" "as coisas que não se fazem", em virtude de princípios por vezes obscuros, mas tacitamente ligados às próprias bases da civilização em questão, de sua visão do mundo e de sua escala de valores, remontando à noite dos tempos, e transmitidas a todos os indivíduos através da vida e da cultura. Isso também diz respeito à nossa civilização.

MORAL E SABEDORIA DOS MESOPOTÂMIOS

Se em geral fala-se pouco disso, muito menos que das obrigações e proibições do direito, que são de bom grado formuladas nas civilizações desenvolvidas, encontramos, contudo, na Mesopotâmia, entre os textos descobertos, alusões suficientes ao que chamamos de regras da *Moral* propriamente dita.

COMETER FALTAS É REVOLTAR-SE CONTRA OS DEUSES

Em primeiro lugar, mencionam-se, às vezes, essas ou aquelas regras, não positiva, mas negativamente, assinalando-se as infrações a elas: as *faltas*. Para compreender a importância dessa categoria mental de "falta", de "pecado", aos olhos dos antigos mesopotâmios e em sua vida, é preciso saber que, naquele país, os deuses, considerados os criadores e governantes do mundo, supostamente haviam decidido — como os reis daqui de baixo — e proclamado todas as obrigações e todos os interditos que se impunham aos seus súditos nos domínios da vida e da conduta. Infringir quaisquer dessas vontades e decisões divinas era "revoltar-se" contra os deuses, "desprezá-los" e "cometer uma falta" contra eles: um *pecado*. Como os soberanos reagiam a tais denegações de sua autoridade castigando os autores, os deuses deviam por si mesmos punir quem quer que cometesse um "pecado", isto é, que não aquiescesse a suas vontades relativas à conduta a ser mantida, em qualquer ordem das coisas: e não havia aí a menor hierarquia, no domínio da ofensa, uma vez que todo pecado, qualquer que fosse sua gravidade intrínseca, constituía por si mesmo uma revolta, e era precisamente essa revolta que merecia o castigo. Matar alguém e infringir uma simples regra litúrgica eram atos que não diferiam nesse plano, uma vez que implicavam antes de tudo um "desprezo" em relação aos deuses, uma "revolta" contra eles.

Havia orações e ritos especiais: "exorcismos", muito numerosos, para implorar o perdão dos deuses assim ofendidos e obter relaxamento da pena. Uma dessas liturgias, particularmente longa e solene, enumera, em várias centenas, por meio de uma espécie de confissão geral, as faltas que *podem* ter sido cometidas pela vítima do mal ou do infortúnio, que pede assim aos deuses o perdão da pena em que incorreu. Composto à maneira de um catálogo, esse documento põe no mesmo nível faltas de diversas categorias, as quais, considerando-se a hipótese contrária (a falta evitada, a não falta), esclarecem o que chamamos de vida reta e honesta, a boa conduta, a conduta moral. Eis ao menos alguns exemplos, extraídos do que chamaríamos mais estritamente de faltas contra a *Moral*, próprias a incomodar ou perturbar os outros, ou prejudicá-los, ainda que em matéria ligeira e por si sem incidência sobre a ordem pública. A longa lista delas é ainda mais interessante e permite vislumbrar — considerando-se o princípio contrário daquele que as descreve, como já afirmei — certo número de comportamentos e práticas cuja observância era recomendada aos antigos mesopotâmios, e que compunham, em suma, sua "moral", seu "código de boa conduta".

Todas elas se caracterizam pela necessidade de levar em conta os outros, de não causar-lhes prejuízo, mas respeitá-los, auxiliá-los, socorrê-los etc. Assim se destacavam: a *Veridicidade* (não dizer "sim por não, e não por sim"); a *Franqueza* (não ter "a boca justa mas o coração falso"; não pretender falsamente não ter aquilo que alguém lhe pede); a *Urbanidade* (não ameaçar os outros); a *Polidez* (não importunar os

MORAL E SABEDORIA DOS MESOPOTÂMIOS

outros falando demais, tagarelando; não dizer ou fazer inconveniências e grosserias; não proferir insanidades em público); o *Respeito* pelos outros e especialmente pelos mais frágeis ou necessitados (não "espezinhar" uma mulher fraca; não introduzir a cizânia em uma família que se entende bem; não falar ou comportar-se com insolência ou arrogância; não brandir uma arma em plena "Assembleia", reunida para debater questões da cidade); o *Auxílio aos outros* (não se recusar a libertar um prisioneiro ou a vestir aqueles que estão nus); o *Respeito pelos pais* (não desprezar seus próximos: pai, mãe, irmãos e irmãs; não se esquecer dos deveres para com eles); a *Fidelidade à própria palavra* (não fazer promessas que não serão cumpridas); a *Honestidade* (não comer carne roubada por outros); e assim por diante...

Esses exemplos concretos, com tantos detalhes, permitem que façamos uma ideia geral da *Boa Conduta* (cortesia, polidez, boas maneiras, a arte de saber viver) tradicional na Mesopotâmia e do tipo de *Moral* que a comandava: o que aparece, sobretudo, é o que devia ser feito para não prejudicar os outros, o "próximo", como diríamos, mas vir em seu auxílio, ser-lhe caridoso, com generosidade, às vezes até mesmo com certa delicadeza, como quando se recomenda não o ensurdecer "falando demais", de modo a não incomodar.

Encontram-se ainda, aliás, algumas alusões a aspectos diversos da "moralidade". Por exemplo, em um antigo poema (datado de 1700 a.C.) que parece tocar no problema (muito cedo debatido na Mesopotâmia) do porquê do Mal. Quando o deus, implorado, liberta o herói de suas penas, dá a ele esse conselho "moral", de modo a evitar que atraia outras: "No futuro, passe unguento naqueles que têm a pele seca; alimente os famintos; dê água aos que têm sede!"...

NO COMEÇO ERAM OS DEUSES

Dizendo de outra maneira: mostre-se compassivo e caridoso com aqueles que, ao seu redor, sofrem de privação. E, em uma oração cujo texto conservamos, o rei Assurbanipal (668-627 a.C.), em meio a toda espécie de infortúnios e angústias, protesta sua boa conduta diante do deus a quem se queixa: "Fiz bem a todos, aos deuses e aos homens, aos mortos assim como aos vivos!" — "beneficência" que vai ao encontro da "moralidade" há pouco explicitada.

"QUANTO MAIS BOIS VOCÊ TEM, MAIS TEM ESTERCO!"

Um outro documento que deve ser destacado (pouquíssimo conhecido e citado) a respeito do mesmo assunto pode ser encontrado no vasto e labiríntico tesouro da "literatura divinatória". Os antigos mesopotâmios, em virtude de especulações que lhes eram particulares, se haviam persuadido de que os deuses, criadores de tudo aqui embaixo, quando produziam um ser ou acontecimento insólito, inabitual, monstruoso, queriam com isso anunciar um futuro definido, bom ou ruim. Apenas os "adivinhos" profissionais conheciam o "código" que levava do "presságio" anormal ao "oráculo" prometido. E, ao preço de longas e sistemáticas buscas, haviam reunido e classificado milhares desses presságios, tirados de toda ordem de coisas, e o futuro que revelavam.

Um desses "tratados" obtém do comportamento ou do caráter dos homens seus meios de conhecer o futuro. Seguem-se uma ou duas passagens, para mostrar como o sistema se apresentava e funcionava: "Se o interessado não cessa de repetir: 'Quando é que verei (com clareza)?' — ele viverá por muito tempo. Se tem o coração perturbado — ficará alegre.

MORAL E SABEDORIA DOS MESOPOTÂMIOS

Se tem o hábito de se lamentar — as coisas não ficarão bem para ele." Encontram-se também inúmeros dados tomados da vida cotidiana: traços de caráter e de boa ou má conduta: *Veridicidade* e *Franqueza* ("sim" e "não" se sucedem em sua boca; é franco); *Urbanidade* (é fiel; espalha alegria; tem um grande coração; é amável; ama o bem); *Polidez* (é um tagarela inesgotável; escolhe as palavras; domina os lábios; só faz praguejar); *Respeito pelos outros* (calunia; retribui boas ações; é inconveniente; é escrupuloso); *Auxílio aos outros* (honra-os e exalta-os; é obsequioso); *Respeito pelos pais* (ameaça o pai ou a mãe); *Bom caráter* (é belicoso e provocador)...

Para acrescentar a esse retrato uma nota interessante, é preciso saber que, em geral, nos tratados divinatórios, o presságio e o oráculo têm os valores naturalmente invertidos: o que é bom no presságio promete coisas ruins no oráculo e vice-versa. Aqui, contudo, a um traço de conduta bom ou feliz no presságio frequentemente corresponde um futuro feliz no oráculo. Essa correspondência é sem dúvida um sinal de que se supunha que os deuses viam com bons olhos a boa conduta e estavam sempre dispostos a recompensar a observação da moral e o bom caráter.

> Se ele é caluniador — morrerá em consequência de uma denúncia. Se retribui as boas ações — estará inteiramente no bem-estar. Se é um tagarela inesgotável — não será mais considerado entre as pessoas de qualidade. Se escolhe as palavras — será honrado.

Quanto ao que faz parte do cotidiano da vida de cada um, regido por certas "regras morais", dispomos ainda, na Mesopotâmia antiga (como, de resto, em toda parte), de uma fon-

NO COMEÇO ERAM OS DEUSES

te abundante e capital chamada de *Provérbios*, que se interessam pelos indivíduos como tais, sem distinção de classe ou de estrato social, pondo-nos, assim, em contato imediato com seu comportamento e sua vida de cada dia e hora. Há, em nosso vasto dossiê, toda uma literatura "gnômica" consagrada a esse gênero a um só tempo mental e literário. Assim, os antigos mesopotâmios haviam compilado vastos alinhamentos de provérbios, em sumério ou em acádio.

As peças reunidas nessas coletâneas são quase sempre difíceis de serem entendidas — é, aliás, geralmente o caso, um pouco em toda parte, dessa "literatura popular", concisa, alusiva, colorida, concebida em um imaginário bastante distante do nosso, e que busca impressionar ou sugerir mais do que explicar. Por outro lado, nem sempre são o que *nós* entendemos por provérbios: sentenças expressando um conselho ou um modelo de conduta, uma verdade de experiência, úteis para que a eles nos conformemos no decorrer da vida. Alguns parecem mais exercícios de estilo, de bem-dizer; ditos espirituosos; curtos quadros bem detalhados; breves imagens, mais ou menos originais ou tocantes; rápidos realces de traços de caráter, que dissimulam sem dúvida um humor que não é mais, de modo algum, o nosso. Há até mesmo astúcias, enigmas, adivinhações — às vezes com a solução. Por exemplo: "Quando entra, não acrescenta nada à riqueza. Quando sai, nada retira dela. O que é? Um bem que pertence ao rei!"

Eis aqui ao menos uma pequena seleção, bastante sugestiva:

"Despose uma mulher ao seu gosto." "Jovem, não é seu irmão que lhe escolherá um esposo." "Uma esposa gastadora em casa é pior do que um demônio morbígeno." "O destino é um cão que nos leva rapidamente atrás de si." "Os pobres são os silenciosos do país." "Diga uma mentira, depois diga a verdade: ela será tomada como mentira." "Aquele que mente sempre parece uma carta que chegou de muito longe." "Quanto mais bois você tem, mais tem esterco!" "Oh burro! Seu pai o reconhecerá? Sua mãe o reconhecerá?" "O pobre homem, se tem pão, não tem sal, e quando tem sal, falta-lhe o pão; se tem carne, não tem condimentos, se tem condimentos, não tem carne..." "Oh nora, o que você faz com sua sogra farão com você também." "Será que se compram os grunhidos do porco?" "Fora de alcance, é um búfalo indomável, uma vez preso, abana a cauda como um cão." "Por ter causado a morte de um homem (por falso testemunho), o que ganhou o delator?" "De ter picado um homem, que proveito tira o escorpião?" "Enquanto durar a prosperidade que seu deus lhe deu, nada recuse a sua irmã, nada negue a sua família, dê de comer a seus conhecidos: você ganha na mesma proporção!" "Quer você aja, quer não, o resultado depende do deus, seu senhor." "No ano passado, comi alho: neste ano minhas entranhas ardem." "Deitar-se leva a aleitar..."

"NÃO COMPRE UM ASNO QUE ZURRA, ELE LHE ROMPERÁ OS OUVIDOS"

Há, enfim, na literatura mesopotâmica, outro "gênero" literário bastante próximo ao dos provérbios, voltado ainda mais para a maneira inteligente e prudente de governar a própria vida, e que, consequentemente, toca mais de perto a "moral". Trata-se de "Conselhos de um pai a seu filho": a saber, admoestações, instruções e advertências supostamente pronunciadas por um pai que, para o bem do filho, quer inculcar-lhe sua própria sabedoria — adquirida por meio de uma longa experiência —, o modo como ele organizou sua vida, bem-sucedida e feliz. Com "Conselhos", continuamos, portanto, em plena "moral".

Note-se que eles compõem um dos mais antigos "gêneros literários" atestados na Mesopotâmia. A primeira versão que conhecemos foi encontrada em meio a um conjunto de tabuletas que formam a mais antiga coletânea de peças literárias conhecida no país, e muito provavelmente no mundo, uma vez que remonta a cerca de 2600 a.C.! Restam-nos dela cerca de 130 linhas; mas, considerando as lacunas do texto e o estado ainda imperfeito da escrita da época, elas são bastante difíceis, não apenas de serem lidas, mas de serem compreendidas. O fracasso seria certo se o texto dessa obra não tivesse sido ulteriormente retomado, e até mesmo ampliado, no país, em uma versão ainda suméria, muito mais completa e longa (cerca de trezentas linhas), escrita por volta de 200 a.C., e da qual temos um bom número de testemunhos. Ela também foi traduzida para o acádio, mas dessa tradução temos apenas um trecho de mais ou menos trinta linhas: uma miséria!

Eis, em primeiro lugar, o início da versão suméria de "Conselhos": um velho antediluviano, o rei da cidade em que, dizia-se, o Dilúvio em seguida irrompeu, e que leva seu nome, Shurupak, resolve transmitir sua longa experiência ao filho, o futuro herói do Dilúvio, Ziusudra. Este, por sua vez, transmitiria os ensinamentos à nova humanidade pós-diluviana.

MORAL E SABEDORIA DOS MESOPOTÂMIOS

Naqueles dias, aqueles dias recuados,/ Naquelas noites, aquelas noites distantes,/ Naqueles anos, aqueles anos arcaicos,/ Naqueles dias, o Inteligente, o Autor de sábias palavras,/ O Conhecedor das palavras verídicas, que vivia em Sumer,/ Shurupak, deu estas instruções a Ziusudra, seu filho:/ "Meu filho, deixe-me dar-lhe minhas instruções, receba-as!/ Deixe-me falar com você, preste atenção!/ Não negligencie meus conselhos!/ Não transgrida minhas palavras!/ As instruções de um homem idoso são preciosas, observe-as!...

Ele lança em seguida admoestações, de fato bastante curtas, em uma ordem cuja lógica quase não percebemos mais. Elas são sempre precisas, incidindo sobre um ponto determinado da vida cotidiana; e a cada vez a justificativa é marcada: a utilidade, o resultado feliz ou a inconveniência que resultaria se fossem ignoradas ou não observadas.

"Não compre um asno que zurra: ele lhe romperá os ouvidos..." "Não seja fiador de ninguém: ele teria poder sobre você." "Não circule ali onde as pessoas querelam: você será tomado como testemunha." "Deixe as querelas se apagarem sozinhas." "Se for casado, não fale sozinho com uma jovem: atenção à calúnia!" "Meu filho, não fique sentado em um quarto com a esposa de outro." "Não coma da comida que foi roubada." "Não se deite com sua servente: ela o chamaria de 'Canalha!'" "Não pronuncie julgamento quando tiver bebido." "Seu irmão mais velho é para você um verdadeiro pai, sua irmã mais velha, uma verdadeira mãe: obedeça a seu irmão mais velho, submeta-se a sua irmã mais velha como à sua mãe." "Quem é casado está bem mobiliado; quem não é dorme em uma meda de palha." "O amor mantém a família; o ódio a destrói."

Eis o texto da série em acádio:

"Controle sua boca, vigie seu discurso: este é o orgulho do homem! Que blasfêmia e maledicência lhe causem abominação: o caluniador é desprezado." "Não honre em sua casa uma escrava: que ela não tenha autoridade sobre seu quarto de dormir, como uma esposa...: a casa dirigida por uma servente está destinada à ruína." "Não tome por esposa uma prostituta, que tem inúmeros maridos; nem uma hierodula, reservada a um deus; nem uma cortesã com a qual todos deitam incessantemente: se você estiver infeliz, elas não o apoiarão; se você brigar, elas caçoarão de você. Elas ignoram respeito e submissão." "A cada dia, preste homenagem a seu deus: (...) Se você assegurar a ele diariamente orações, súplicas, prosternações, terá retornos de bens e, apoiado por ele, prosperará em abundância. Pois a reverência aos deuses engendra o favor deles; o sacrifício alonga a vida, e a oração dissolve o castigo pelas faltas..."

Todos esses "conselhos", embora bastante diferentes dos "provérbios" por sua apresentação, não estão tão longe deles. De um lado como de outro, trata-se de uma tradução em máximas, advertências, exemplos, de uma espécie de "código de boa conduta", cuja observação devia assegurar o êxito de cada procedimento, e consequentemente o sucesso da vida

MORAL E SABEDORIA DOS MESOPOTÂMIOS

inteira, a "Felicidade". Observamos essa "moral" traduzir-se em detalhes, em toda sorte de documentos, preferencialmente de maneira indireta, pela reprovação das infrações cometidas contra ela, e às vezes diretamente, em matéria pública (os "códigos") ou em matéria privada: nas listas de faltas que provocavam o castigo divino ("exorcismos"), ou na evocação que dela podem fazer certos "textos divinatórios"; e, enfim, nos "provérbios" e "conselhos". Mas em parte alguma encontramos uma apresentação sistemática e explícita. E em parte alguma, a não ser tacitamente, encontramo-la motivada e fundada sobre o que era sua última razão de ser: os "princípios" da "moral", a saber, o Bem e o Mal, a Felicidade ou a Infelicidade da vida.

A razão disso, como vimos, está no fato de que essas motivações primeiras da conduta estão profundamente enraizadas na "consciência", demasiado importantes, universais e evidentes aos olhos de cada um, ao mesmo tempo que demasiado visceralmente inculcadas desde a infância, pela educação e pelo espetáculo da vida, para que se tenha considerado útil ou até mesmo fácil explicitá-las, justificá-las e apelar para elas todo o tempo.

Se pensarmos minimamente no assunto, ainda é assim em nosso caso. E se refletirmos, exceção feita a um contexto caduco e obsoleto em seus detalhes e em seu sistema, sobre o conjunto desses conselhos, recomendações, proibições, estímulos e exemplos, ele nos parece ainda familiar, não tão distante do nosso próprio "código de moral prática". A "moral", para organizar a vida de cada um a fim de evitar-lhe o fracasso e o mal, e de fazê-lo ter acesso ao bem, à "felicidade", é, quanto ao essencial, comum a todos os homens porque seu bem e seu mal provêm da própria natureza deles, e valem,

NO COMEÇO ERAM OS DEUSES

portanto, de maneira aproximadamente igual para todos. Não incomodar ninguém; não prejudicar ninguém; não se expor a riscos, perigos, incertezas; ser prestativo e boa companhia; ser honesto e de frequentação fácil etc., não está nisso também nossa própria "moral", como a de todos os homens? Dizendo de outra maneira, a "moral" dos antigos mesopotâmios nos é sempre mais ou menos familiar.

Evidentemente nem sob todos os aspectos, pois por um longo decurso de tempo puderam intervir, sob diversas pressões, mudanças de ideologia que inflectiram de tal maneira sobre esse ou aquele artigo dessa "moral" antiga que não os sentimos mais da mesma forma. O que, à exceção de alguns dados secundários, torna nosso "código moral" diferente do deles, a despeito do ar familiar, são duas ou três ideias novas introduzidas por nossa tradição cultural.

"FAÇA A FELICIDADE DE SUA MULHER, ABRAÇADA A VOCÊ"

Evoquemos, em primeiro lugar, a associação estrita — que nos foi ensinada pela Bíblia — entre "moral" e religião. Uma das maiores transformações introduzidas por Moisés com o "monoteísmo" reside na total mudança de orientação e de sentido do culto, da prática religiosa. Desde o "Decálogo", não nos desobrigamos mais de nossos deveres para com o Divino por meio de "sacrifícios", "oferendas" e cerimônias, mas antes de tudo pela conduta reta de nossa vida. A "moral" foi quando menos integrada ao culto, se não identificada a ele. O culto tornou-se a prática da "moral", da boa conduta, ao passo que essas nada tinham a ver com os deuses entre os mesopotâmios: se alguém se comportava bem, não era para pro-

MORAL E SABEDORIA DOS MESOPOTÂMIOS

veito deles, mas para evitar os aborrecimentos provocados pelo fato de cometer "pecados", que logo eram castigados; não se tratava de culto, mas de precaução, de prudência. Por isso, a despeito das inúmeras semelhanças, a "moral" não tem mais, entre nós, a mesma ressonância que tinha entre eles, e, quanto a esse aspecto, as transformações foram consideráveis.

Por outro lado, devido a nossa hereditariedade cristã, não temos mais absolutamente a mesma atitude intrínseca em relação a Deus. Na Mesopotâmia, o sentimento religioso essencial era do tipo centrífugo: o temor, o recuo, o distanciamento respeitoso. Ensinaram-nos, ao contrário, que "o Bom Deus", como dizemos, era sobretudo digno de admiração, de entusiasmo, de atração, de amor. Por isso, nossa moral, em relação à deles, se viu totalmente reorientada: tornou-se o único meio, essencial, de demonstrar a Deus nosso apego, nossa fidelidade, nosso amor. Ela pode, portanto — o que era impensável na Mesopotâmia —, resultar em uma atitude teocêntrica e até mesmo mística.

Enfim, conforme aprendemos com o cristianismo, a morte não é mais, como era para eles, o fim absoluto da vida, e temos a esperança de um além no qual as dívidas da terra podem ser pagas. A "moral", aos nossos olhos, não se esgotaria, pois, na existência presente, mas continuaria em outra vida, o que muda seu valor e sentido. Não vendo mais longe, os mesopotâmios voltavam-se inevitavelmente para o "hedonismo", a busca de todos os prazeres acessíveis no curto espaço da vida, para obter o máximo possível de satisfação e felicidade antes de desaparecer para sempre. Nós, ao contrário, não podemos nos contentar com os conselhos que a misteriosa Taberneira dava a Gilgamesh para desencorajá-lo de correr atrás de uma vida sem fim:

NO COMEÇO ERAM OS DEUSES

> Sem buscar em vão a imortalidade,/ Encha sua pança,/ Permaneça alegre dia e noite,/ Vista-se com belas roupas,/ Lave e banhe seu corpo,/ Olhe ternamente seu pequeno, que lhe segura a mão,/ E faça a felicidade de sua mulher, abraçada a você,/ Pois essa é a única perspectiva dos homens!

Não digo que essa prodigiosa reviravolta da "moral" e do sentido da vida tenha sido recebida por todos os distantes herdeiros dos antigos mesopotâmios: em nosso mundo atual, a vida da maioria certamente não é afetada pela religião, e sua "moral" não passa de uma rotina. Mas uma "moral" tão transformada, sobretudo por dentro, está a nosso alcance. É preciso dizer, por isso, que embora restem em nossa conduta e "moralidade", inúmeros reflexos mais ou menos idênticos aos deles, nossa moral não é mais, de modo algum, a deles.

CAPÍTULO III   O "Código de Hamurábi"*

---

*Este artigo foi publicado em Les Collections de L'Histoire n° 22, pp. 32-35.

O famoso *Código de Hamurábi* foi publicado por esse grande rei da Babilônia (1792-1750 a.C.) que transformara seu país em um reino unificado, sólido e permanente. Em cerca de 3.500 linhas de um texto artisticamente gravado sobre uma alta estela de pedra negra (2,25 metros de altura e 1,90 metro de circunferência na base), uma das joias da coleção de antiguidades orientais do Museu do Louvre, os 282 "artigos" de sua parte central são também enquadrados por um prólogo e um epílogo, em alto estilo lírico, por meio do qual o soberano se apresenta com seus êxitos e sua glória, entre os quais ressalta sua proclamação da parte "jurídica".

Dessa última, cerca de quarenta artigos foram marcados, na parte inferior da face frontal da estela, pelo rei elamita que, por volta de 1200 a.C., no decorrer de uma incursão vitoriosa à Babilônia, a tomara como troféu e queria acrescentar-lhe uma inscrição de sua lavra. A descoberta desse monumento, em 1902, pelos escavadores franceses de Susa, no sudoeste do Irã, causou grande alvoroço: pensando do ponto de vista da Bíblia, acreditou-se ver ali o ancestral e o modelo de sua legislação, além do próprio "Código das leis" em vigor na Mesopotâmia antiga. (...)

Não é possível encontrar ali o que *nós* entendemos por leis e códigos, termos que, por outro lado, não têm nenhum correspondente no vocabulário local, nem em acádio nem em sumério, o que sugere, quando menos, que essas noções de *nosso* universo não entravam na antiga visão autóctone das coisas.

O "Código" não é de fato um Código: seu conteúdo, percorrido de uma extremidade à outra, é feito para nos persuadir disso. Um Código é o conjunto completo da legislação de um país. E o que encontramos aqui, unicamente? Nesta ordem: 5 "artigos" dedicados ao falso testemunho; 20, ao roubo; 16, aos feudos reais, instituição particular ao país e que permitia ao soberano recompensar seus "funcionários"; 25, aos trabalhos agrícolas; uma dezena, pelo menos, aos locais de habitação; talvez outro grupo, relativamente exíguo, ocupasse a lacuna preparada, na face frontal inferior do monumento, pela raspagem do usurpador; seguiam-se pelo menos 24 "parágrafos" tratando de comércio; 15, de depósitos e dívidas; 67, da mulher e da família; 20, de golpes e ferimentos; 61, das diversas profissões liberais, e depois das servis; e, para terminar, dos escravos.

Dessa lista, salta aos olhos a ausência de setores significativos da vida em comum e do "direito": nenhuma palavra sobre a organização da justiça, a hierarquia social, as obrigações políticas, a administração, a fiscalidade; até mesmo aquela outra "teta" da economia do país, que era a pecuária, mal é evocada, e, quando o é, muito obliquamente. Nem sombra de alusão a infrações capitais como o homicídio e o assassinato: nada que diga respeito ao "direito" criminal propriamente dito.

Além disso, se observarmos com atenção, os temas são abordados apenas parcialmente. Assim, o "capítulo" sobre golpes e ferimentos prevê os que são infligidos por um filho

O "CÓDIGO DE HAMURÁBI"

ao pai, mas não menciona outros autores e vítimas possíveis; também não levanta as questões do parricídio e do infanticídio. O caso de vias de fato levando à morte só é previsto, por um lado, na ocasião de rixas, e, por outro, a propósito de mulheres grávidas, em relação às quais, de resto, só parece ser considerado o óbito quando resulta de um aborto provocado por agressão. Observam-se em toda parte carências semelhantes. É por isso que, instruídos por essas reflexões, os assiriólogos preferem hoje colocar a palavra "Código" entre aspas prudentes e atenuantes.

Quanto ao conteúdo dos "artigos", não seria temerário decorá-lo com o nome de "lei", inteiramente desconhecido nos vocabulários da região, ao passo que o rei Hamurábi em pessoa, que sabia o que queria dizer, o apresenta de maneira bem diferente? No final de seu prólogo, as disposições jurídicas que ele alinha contrabalançam uma lista anterior mais curta, porém igualmente imponente: a de suas vitórias. E estas aparecem como o equivalente, na ordem do governo do país, do que aquelas representavam na ordem de sua política externa: ambas constituem o *palmarès* que é destacado para demonstrar o êxito, a sabedoria do rei e seu sentido de governo justo e eficaz. E ainda mais no início do epílogo, quando quer designar todas as realizações de sua capacidade de gerir o país, ele explica: "Essas são as sentenças equitativas (...) que trago para fazer com que meu país assuma a firme disciplina e a boa conduta." Esses 282 artigos representavam, portanto, a seus olhos, apenas sentenças: decisões judiciais.

Uma "sentença" não é uma enunciação universal, que abraçaria do alto uma multidão de casos particulares, como faz a "lei": é apenas a solução trazida *hic et nunc*, não pelo legislador mas pelo juiz, para um problema jurídico singular. Como tal, cobre uma situação individualizada e existencial. Como reagir, para salvar a boa ordem pública, diante de fulano, que, em tal dia, em tal localidade, em tais e tais circunstâncias, dormiu, por vontade própria ou à força, com fulana, que é sua filha, de tantos anos, vivendo em tais condições? Eis o problema imediato e "factual" que se apresenta ao juiz. Apelando, então, para as obscuras mas poderosas pressões do costume, de uma espécie de instinto enraizado em sua cultura e civilização, ele responde com a decisão de afastar o culpado de seu meio, ao mesmo tempo para puni-lo pelo que constitui um excesso perigoso e intolerável e para aniquilar o mau exemplo que ele oferece a todos em torno de si.

Ao reunir, em seu "Código", depois do *palmarès* de suas vitórias, as sentenças dadas (ou ratificadas, o que dá no mesmo) por sua sabedoria de governante, a fim de precaver a desordem e fazer com que seu povo "ande reto" — condição *sine qua non*, segundo ele, para assegurar-lhe a prosperidade —, Hamurábi as generalizou, para que pudessem ser virtualmente aplicadas a todos. Nesse intuito, desligou-as de tudo o que fazia delas dramas imediatos da vida cotidiana: nomes próprios e outros detalhes materiais, afinal secundários, já que simplesmente associavam o episódio em questão ao local, ao tempo e ao modo, elementos acidentais e que não tocavam no esquema intrínseco ao problema e à sua solução. Ele manteve, portanto, de cada caso, apenas o bastante para assegurar o alcance exemplar de sua decisão, único fator que lhe importava em seu desígnio.

UM MODELO PARA OS REIS FUTUROS

Assim ele reduziu um "incidente do cotidiano" a um "caso especial", fazendo-o passar, antes de convertê-lo em uma forma, por uma espécie de filtragem e de abstração elementar, cujo resultado formulado em seu "Código" é o seguinte: "Se um homem dormiu com sua filha — será banido da cidade" (154).* E todos os outros "artigos" têm a mesma proveniência: tantos incidentes do cotidiano reduzidos ao estado de "modelos de julgamento": não *leis*, mas *protótipos*.

Por que Hamurábi coligiu em um único conjunto todos esses exemplos de sua justiça? Ele o diz claramente em seu prólogo e em seu epílogo. Pensando ao mesmo tempo em sua reputação, em sua glória, e no que aconteceria depois dele: em seus sucessores, que pretendia exortar a andar sobre seus passos — e não apenas a voar, como ele, de vitória em vitória — e também a administrar, como ele, seus súditos, com sabedoria, inteligência e equidade, resolvendo exata e justamente todos os problemas que a vida em comum sempre apresenta, único meio de assegurar ao país o êxito, a abundância e a opulência que parecem ter tradicionalmente constituído o grande ideal universal de vida e de felicidade dos antigos mesopotâmios, tanto no plano coletivo quanto no privado.

Em seu florilégio de problemas "jurídicos" resolvidos de maneira inteligente por suas justas sentenças, ele os reagrupou em "capítulos diversos", como vimos; mas no interior de cada um deles, apresentou-os o mais que pôde por meio de va-

---

*Daqui por diante, os números entre parênteses remetem ao "parágrafo" correspondente do "Código" em questão.

NO COMEÇO ERAM OS DEUSES

riações do mesmo problema, modificado por condições diversas, que exigiam soluções diferentes. Por exemplo, como havia então três estratos sociais hierarquizados — o do "homem de condição", o do "simples súdito" e o do "escravo" —, ele enumerou, quando lhe pareceu útil, o mesmo problema apresentado de acordo com esses três dados, com a solução particular que suas "sentenças" haviam atribuído a cada uma de suas incidências. O médico que curou um "homem de condição" deve receber 10 siclos (80 gramas) de prata; 5, caso se trate de um "simples súdito", e dois se for um "escravo" (215-217).

Esse método também tinha um objetivo preciso na mente de Hamurábi, pois ao ignorar "leis" e "princípios" universais, dependentes de um grau de abstração e de visão ainda inacessível ao seu espírito, e que seria atingido mais tarde pelos gregos, os antigos mesopotâmios eram antes de tudo *casuístas*, e toda a sua aquisição de saber estava fundada na *casuística*.

Repetir os "casos" particulares, variando os dados e atribuindo a cada um a solução apropriada, bastava para inculcar aos usuários não apenas a visão clara, mas o *sentido* dos modos de solução, e os *reflexos* necessários à mente, próprios, uma vez adquiridos, para se transferirem para outros problemas, com as modificações necessárias, em virtude do funcionamento analógico da mente. Todos conhecemos uma experiência desse tipo: incapazes, na infância, de termos acesso aos "princípios" da aritmética e às "leis" da gramática, as tabuadas e os paradigmas, aprendidos de cor, nos ajudaram a sair de apuros durante toda a vida.

TENDÊNCIA AO TALIÃO

Hamurábi queria, com seu "Código", e ele o repete alto e bom som, ensinar os reis e juízes vindouros a julgar e a decidir como ele, para assegurar ao futuro, no país, a mesma "boa conduta", e seus resultados benéficos. Seu "Código" não é, portanto, um conjunto completo das "leis" em vigor na Mesopotâmia antiga, nem mesmo no tempo de seu autor: é um florilégio de jurisprudência. E o que acabamos de perceber quanto a ele pode ser da mesma forma depreendido dos outros "Códigos", únicas fontes formais conhecidas do "direito" nesse país que permaneceu obstinadamente fiel — a despeito do uso tão generoso que não deixou de fazer de sua escrita — ao direito consuetudinário e não escrito. (...)

No "Código de Hamurábi", para nos atermos a essa obra-prima exemplar, se um certo número de "artigos" tem por objetivo apenas resolver dificuldades mais ou menos frequentes da vida em comum — tal como aqueles que regulamentam a única forma de divórcio então admitida, o repúdio por parte do marido, ou as relações entre um negociante e seus empregados —, outros levam à condenação a penas. Às vezes infamantes, como o banimento, acima citado, do pai incestuoso. Bem mais frequentemente, corporais ou aflitivas.

Algumas dessas penas não põem em perigo a vida do réu, o que permite supor um grau menor de criminalidade. Deve-se chicotear, raspando-lhe a cabeça pela metade para expor à derrisão pública, o caluniador de uma sacerdotisa (127); e quem ultrajou um homem de condição superior à sua deve também ser chicoteado em público (202), no mesmo intuito.

As coisas se agravam com a mutilação: corta-se a língua do adotado que renegou o pai adotivo (192); a orelha do

NO COMEÇO ERAM OS DEUSES

escravo que esbofeteou um homem de condição (205) ou que se revoltou contra seu senhor (282). Corta-se a mão do filho que bateu no pai (195); a do médico que, por imperícia, causou a morte do homem de condição de que tratava, e, se ele apenas vazou-lhe um olho, vaza-se o seu também (128), assim como o do "barbeiro" que, ao raspar o tufo de cabelos que marcava um escravo, favoreceu sua fuga (226). Corta-se um seio da ama que deixou que seu bebê morresse (194). Além da tendência ao talião segundo a "variabilidade" didática dos casos, explicada acima, pode-se ressaltar aqui uma modulação da pena em função do estado social da vítima. Se se tratava de um homem de condição, desencadeava-se a maior severidade: a pena corporal; se era um simples súdito, ou um escravo, cedia-se a uma compensação pecuniária graduada.

Em grande número de casos — o que nos permite estimar como a justiça da época era extremamente severa —, o crime era considerado grave o bastante para que seu autor devesse ser privado da vida. Normalmente, essa pena de morte é marcada por um verbo atípico, que significa essencialmente "matar", sem que se precise a modalidade da morte: nós diríamos "executar", sem mais. Assim são castigados os autores de falsos testemunhos em um caso capital (13); os ladrões, não menos que os receptadores a eles assimilados, quando se trata de bens públicos ou "sagrados" (6, 8s), de crianças (14) e de escravos (15ss).

Até mesmo em matéria menos reservada, como, por exemplo, na forma brutal e violenta de roubo chamada "saque", o crime também era passível de morte (22); da mesma maneira que os problemas na construção de um edifício, implicando seu desabamento e a morte de seu proprietário e ocupante (229); e se a vítima era o filho deste, executava-se o filho do

O "CÓDIGO DE HAMURÁBI"

pedreiro responsável (*idem*). Mesma pena era aplicada para quem perturbasse gravemente o andamento do serviço público (26 e 33s) ou, ainda que indiretamente, favorecesse um complô (109); para quem houvesse violado uma noiva virgem (130) ou, por seus maus-tratos, houvesse provocado a morte de uma pessoa de condição, retida em sua casa, conforme os costumes da época, como garantia de uma dívida (116). Daquele que, com seus golpes, houvesse desencadeado um aborto levando à morte, matava-se a filha (209 s).

Deviam ser considerados ainda mais odiosos os crimes cujos autores estavam destinados a uma morte acompanhada de circunstâncias que a tornavam mais humilhante, aflitiva ou cruel. O autor de um roubo com arrombamento devia ser, após a execução, exposto no teatro de sua empreitada (21). Empalava-se a mulher que havia levado o amante a matar o marido (154). Afogava-se a taberneira que fraudava sua clientela (138); os adúlteros pegos em flagrante delito (129); a esposa que, depois de ter-se recusado ao marido, se revelava, após investigação, leviana e pouco séria (143); aquela que, com o esposo distante em viagem de negócios, e sem que ele a houvesse deixado em estado de necessidade, tomou outro homem (133); assim como o sogro que dormira com a nora (155). Destinava-se ao fogo quem quer que se houvesse aproveitado do incêndio de um imóvel para pilhá-lo (25); a sacerdotisa que frequentava lugares de má reputação (110) e o filho que havia dormido com a mãe (157). [...]

Talvez, para terminar, não fosse inútil elevar um pouco o debate com uma observação inesperada, que vai contradizer essa máxima dos "Códigos" que é constituída pela escala da gravidade do crime e de sua punição.

NO COMEÇO ERAM OS DEUSES

Sabe-se que, em sua crença, os mesopotâmios se imaginavam submetidos a um duplo poder, sobreposto, de governo e, consequentemente, de justiça: o da ordem, digamos, "civil", representada pelo rei e por sua coorte de funcionários e de juízes — toda a justiça que foi tratada aqui é dessa alçada —; e a ordem dos deuses, organizados, da mesma maneira, em uma espécie de pirâmide, tendo o mais poderoso de todos em seu cume, o soberano dos deuses e do mundo, que lidera toda uma escala de divindades subalternas. Dessa Autoridade suprema emanava uma espécie de Legislação superior, à qual os mesopotâmios associavam a multidão infinita de todas as obrigações e proibições que esquadrinhavam a existência humana: não somente aquelas que eram da alçada do direito comum e dos tribunais, mas todas as outras, que concerniam especialmente ao ritual e ao exercício do culto, à ética pessoal e às relações de vida cotidiana com os outros, não menos que às vagas coerções tradicionais do folclore e da rotina, que são observadas um pouco em toda parte, "porque isso se faz", sem que ninguém se pergunte sobre a razão ou o valor.

Faltar a *qualquer um* daqueles deveres infinitos podia implicar, da parte dos deuses-juízes, um castigo: e eram precisamente o mal e o infortúnio que muitas vezes sobrevinham de forma súbita, incompreensíveis, que tal mitologia da Justiça divina se encarregava de explicar.

Ora, nesse plano, não havia hierarquia das faltas, dos delitos e dos crimes: tudo se valia, e temos textos religiosos que põem explicitamente em pé de igualdade, em relação aos deuses e à sua Justiça vindicativa, o fato de ter urinado ou vomitado em um curso d'água ou arrancado uma gleba de um campo e o fato de ter-se comportado mal durante uma

O "CÓDIGO DE HAMURÁBI"

cerimônia litúrgica, o de ter tagarelado inconvenientemente ou ter cometido alguma incongruência; e não apenas a fraude e o uso de moeda falsa, mas o roubo, o adultério e o homicídio, e até mesmo "o assassinato de um amigo a quem se acabava de jurar amizade"!

O fato é que todas essas infrações, estimadas em relação aos deuses, constituíam igualmente um "pecado", uma "revolta" contra eles, um "desprezo" de sua vontade. E, sobretudo, que, em tais circunstâncias, não se refletia a partir da falta para conceber a punição, mas partia-se desta última: neste caso, do infortúnio sobrevindo, que teria sido absurdo, inexplicável e um efeito da injustiça divina, se não se houvesse deduzido, postulado sua causa: a saber, a vontade compensatória dos deuses justos e juízes. Se estou de repente mergulhado no infortúnio, seja ele grande ou pequeno, só pode ser, uma vez que os deuses sempre estão na origem de tudo e são necessariamente imparciais, por uma falta que *devo ter* cometido em relação a eles. Explicação mitológica e na contramão do raciocínio que comandava as "sentenças" da justiça humana, que partia do delito ou do crime cometido, e devidamente constatado, para concluir sobre uma pena modulada inevitável.

Aos olhos dos juízes daqui debaixo, os crimes e seus castigos constituíam uma categoria à parte; aos olhos dos deuses, tudo podia ser crime.

CAPÍTULO IV # A magia e a medicina reinam na Babilônia*

---

*Este artigo foi publicado na revista *L'Histoire* n° 74, pp. 12-23.

Cada civilização, cada época tem suas doses de racionalidade e de irracionalidade. Se existe um domínio no qual essa mistura é mais aparente, é certamente o da luta contra o mal, pois o mal não é apenas contrariante, mas também absurdo, e nem a "geometria de Euclides" conseguiu explicá-lo, nem a lógica removê-lo. Nesse modo de paradoxo, a antiga Mesopotâmia nos deixou um surpreendente exemplo sob a forma de sua medicina: sua luta organizada contra o mal físico, a doença.

Praticamente desconhecido dos não assiriólogos, resta-nos dela um dossiê considerável, desde o alto terceiro milênio a.C. até o desaparecimento dessa velha cultura, pouco antes de nossa era: vários milhares de documentos técnicos, mais ou menos copiosos, relativamente poupados dos estragos do tempo, e uma impressionante acumulação de dados alusivos, extraídos de todos os setores da literatura. Mas quase nada se compreendeu disso enquanto não se percebeu que aquelas pessoas haviam, de fato, edificado para si, com a mesma intenção terapêutica, duas técnicas, bastante diferentes, pela inspiração e pela aplicação: uma medicina de médicos e uma medicina de "magos".

Em todas as culturas, aprendeu-se muito cedo a combater o mal físico com os meios disponíveis: trata-se da medicina empírica. Ela é conhecida na Mesopotâmia desde a primeira metade do terceiro milênio a.C., pouco depois dos primórdios da escrita, e primeiramente por seu especialista, seu técnico: o médico, em acádio *asû*, palavra cujo sentido radical ignoramos.

A TOSSE, A FEBRE E AS DORES DE CABEÇA

Formados seja por um mestre, ele mesmo um prático, seja em alguma escola célebre, tal como "a Faculdade da cidade de Isin", os médicos se encontram um pouco em toda parte em nossos textos. Se podemos acreditar em um conto bastante irônico, os mais prestigiosos se apresentavam com uma aparência particular — com a cabeça raspada, pomposos e solenes, "carregando sua mala" —, e os curiosos diziam: "Ele é muito forte!" Eles se especializavam, às vezes: conhece-se um "médico dos olhos"; são atestadas até mesmo algumas raras "mulheres-médicas".

Os *asû* utilizavam principalmente "remédios" (*bultu*: "que devolve a vida"), extraídos de todas as ordens da natureza, mas principalmente das plantas, daí sua designação genérica de "simples" (*shammû*). Eram utilizadas frescas ou secas, inteiras ou pulverizadas, na maior parte das vezes misturadas para que seus efeitos se multiplicassem. Era também o caso de diversos produtos minerais: sais e pedras; e animais: sangue, carne, pele, ossos, excrementos... Dessas drogas, havia intermináveis catálogos, às vezes recheados de dados úteis para identificá-las, com menção a seu uso específico. Os médicos as administravam depois de as terem eles próprios preparado — pois não existiam boticários — sob inúmeras

A MAGIA E A MEDICINA REINAM NA BABILÔNIA

formas: após maceração ou decocção em diversos líquidos, faziam-se poções, loções, unguentos, cataplasmas, envolturas, pílulas, supositórios, lavagens e tampões. Eles haviam também desenvolvido gestos e manobras, simplesmente com as mãos ou com a ajuda de instrumentos diversos, próprios para a ação direta sobre as partes enfermas: fumigações, bandagens, massagens, palpações e outras intervenções. No "código" de Hamurábi, vê-se o médico reduzir as fraturas e utilizar a "lanceta" para praticar incisões até mesmo na região dos olhos.

Em conformidade com o gênio de um país que fora, havia muito tempo, conquistado pela tradição escrita, esses métodos, receitas e tratamentos eram registrados em verdadeiros "tratados", mais ou menos extensos e especializados: contra "a tosse", "a febre", "as dores de cabeça", "as afecções dos olhos" ou "dos dentes", as doenças internas... Nomeavam-se e descreviam-se os diversos males estudados, alinhando-se para cada um deles fórmulas, às vezes numerosas, entre as quais o prático teria que escolher.

Para tornar mais sensível essa prática médica, eis uma carta, escrita em 670 a.C., ao rei assírio Asaradon (680-669), por um médico que ele frequentemente consultava, chamado Urad-Nanâ:

> Boa saúde! Excelente saúde para Monsenhor Rei! E que os deuses-curadores Ninurta e Gula lhe concedam o bem-estar do coração e do corpo! Monsenhor Rei não para de me perguntar por que eu ainda não teria feito o diagnóstico da doença de que ele sofre e sequer preparado os remédios idôneos. (Diga-se entre parênteses que Asaradon parece ter sido um grande

doente: após análise de seu copioso dossiê patológico, um assiriólogo afirmou recentemente, talvez com certa candura médica, que ele devia sofrer — e que teria morrido — de lúpus eritematoso disseminado...) É verdade que, falando anteriormente com a pessoa do Rei, eu me confessara incapaz de identificar a natureza de seu mal. Mas agora envio ao Rei a presente carta selada para que, lendo-a, seja instruído a respeito. E, se for desejo de Monsenhor Rei, poderemos até mesmo recorrer (para confirmação) à aruspicação. O Rei deverá, portanto, utilizar a loção que vai inclusa: depois disso, a febre de que ele sofre atualmente o deixará. Eu já havia preparado duas ou três vezes esse remédio, à base de óleo: o Rei certamente o reconhecerá. De acordo com sua vontade, poderão, de resto, aplicá-lo apenas amanhã. Ele deve afastar o mal. Por outro lado, quando apresentarem ao rei a dita poção de sillibânu (raiz seca de alcaçuz?), a aplicação poderia ser feita, como já uma ou duas vezes, a portas fechadas (?). O Rei deverá então transpirar, e é por isso que, em uma embalagem à parte, acrescento à minha remessa as bolsinhas porta-amuletos que o Rei deverá manter penduradas no pescoço. Envio igualmente o unguento aqui incluso, com o qual o Rei poderá friccionar-se, em caso de crise.

É claro: o médico age por si mesmo e diretamente sobre o doente, utilizando drogas por ele escolhidas, preparadas e combinadas, e isso depois de ter tentado "identificar a natureza do mal", em outros termos, de tê-lo diagnosticado por meio do exame de suas manifestações — entre outras, aqui, a febre e o que o rei devia ter exposto de seus mal-estares. É

A MAGIA E A MEDICINA REINAM NA BABILÔNIA

verdade que o especialista pode hesitar, e até mesmo declarar-se incompetente. Mas quando decide, está tão seguro de si que propõe espontaneamente, como contraprova, uma consulta oracular por meio de exame das entranhas de uma vítima sacrificial: técnica de "Divinação dedutiva", comumente então utilizada e estimada como "científica" e infalível. Por razões obscuras, Urad-Nanâ não julga necessário precisar o nome desse mal, nem explicar a natureza dele a seu augusto paciente. Ele se contenta com o essencial: "a receita", diríamos nós, depois de ter ele próprio preparado o medicamento específico. É um remédio que já havia prescrito ao rei, feito à base de óleo, mas também de outros "simples", em particular de *sillibânu*. Mais precisamente, trata-se de uma loção a ser aplicada desde a recepção ou, se o rei preferir, no dia seguinte. Ela deve agir logo e de acordo com um processo natural, desencadeando um suor profundo que fará baixar a febre. Urad-Nanâ acrescenta à sua remessa, por um lado, "porta-amuletos" (de que voltaremos a falar), e por outro, um unguento de sua composição, para enfrentar uma eventual crise aguda do mal. Trata-se aí de uma linguagem e de um comportamento "de ofício": dos rudimentos de nossa medicina.

O EXORCISTA

Quanto à outra terapêutica, a dos "magos", como está profundamente enraizada em todo um sistema de pensamento, distante do nosso, algumas explicações liminares serão úteis.

Aos olhos dos mesopotâmios, males físicos e doenças eram apenas uma das manifestações desse parasita onipresente de nossa existência que definiríamos como o "mal de sofrimento": tudo o que vem se opor a nosso legítimo desejo de felicidade. Como explicá-lo, de modo a dominá-lo melhor? De onde nos vêm doenças não apenas do corpo como também do espírito e do coração, dores, aflições, privações e desgraças, que atravessam nossa vida, sombreando-a ou interrompendo-a brutalmente "antes da hora"? Para essas perguntas, tão velhas quanto o homem, cada cultura arranjou respostas, ajustadas a seus próprios parâmetros.

Em busca das causas, por menos que fossem imediatas ou patentes, sumérios e babilônios não dispunham de nossa lógica conceitual, com todo o arsenal de análise e dedução rigorosas das ideias que praticamos. Para começar, praticamente não tinham nenhum outro expediente além do recurso à ficção, mas à ficção "orientada", "calculada": à construção, por meio da fantasia, de personalidades ou de acontecimentos extraordinários, mas cujos dados eram articulados com base nos agentes invocados e, ao mesmo tempo, na disposição dos fenômenos a serem explicados, apresentados como efeitos ou resultados deles. É o que chamamos de mito.

Para dar um sentido ao mundo e à própria existência, eles haviam, portanto, postulado uma sociedade sobrenatural de "deuses", concebidos à sua própria imagem superlativada. Infinitamente mais fortes, mais sensatos, e dotados de uma vida sem termo, esses haviam ainda, no intuito de proporcionarem a si próprios, no ócio e na despreocupação, uma profusão de bens úteis e agradáveis, fabricado os homens para lhes servirem como trabalhadores, produtores e serventes, e comandavam inteiramente a vida deles. Teria sido pouco razoável imputar a esses "deuses-patrões" os males que vinham assaltar seus servidores, refreando ao mesmo tempo o zelo e a capacidade de rendimento deles. Para explicar o "mal de

A MAGIA E A MEDICINA REINAM NA BABILÔNIA

sofrimento", forjara-se então outra série de personalidades, inferiores, certamente, aos criadores e soberanos do Universo, mas superiores a suas vítimas, e que podiam provocar à vontade as desgraças apropriadas para envenenar-lhes a existência. É o que chamaríamos de "demônios".

Em um primeiro tempo, parece que os ataques deles eram considerados espontâneos e imotivados, um pouco como os de cães agressivos, que de repente se lançam sobre você para mordê-lo. Como os assaltos eram incessantes e não poupavam ninguém, foi preciso desenvolver uma técnica contra eles, isto é, um conjunto de procedimentos tradicionais estimados eficazes contra essas fúrias: as doenças e as outras desgraças. Os procedimentos em questão eram obtidos de dois grandes setores da capacidade dos homens de agir sobre os seres: a manipulação e a palavra. Basta saber comandar para se fazer obedecer; e em toda parte encontram-se elementos, instrumentos e forças que podem ser utilizados para transformar as coisas; a água para lavá-las ou limpá-las, o fogo para purificá-las ou extingui-las; e muitos outros produtos para mantê-las a distância, modificá-las, dissolvê-las. Além disso, existem constantes, "leis" a que se pode submetê-las: a dos semelhantes que se atraem, a dos contrários que se repelem, ou a do "contato" que permite que o mesmo fenômeno passe de um sujeito a outro...

AS FORÇAS SOBRENATURAIS

Assim foram elaboradas — da mesma maneira que nos diversos setores da técnica, inclusive na medicina empírica — inúmeras receitas apropriadas, imaginava-se, para expulsar os "demônios", defender-se de suas agressões, afastar os males por eles inoculados em seus alvos. É a esse nível da luta contra o mal, no qual os atos ou as palavras eficazes das vítimas opunham-se diretamente à atividade caprichosa das "forças sobrenaturais", que deveríamos reservar o termo Magia, invocado a esmo e com demasiada frequência, como tantos outros termos.

Oficialmente, contudo, a Magia praticamente não é atestada em nosso imenso dossiê: em uma época que não temos condições de determinar — o mais tardar, ao que parece, desde o alto terceiro milênio a.C. —, ela fora assumida com uma atitude completamente diferente, abertamente religiosa e "teocêntrica". Por um lado, e talvez em conformidade com o movimento de devoção que produziu no país uma primeira sistematização do panteão, a dominação dos deuses estendeu-se ao Universo inteiro; e, no mesmo processo, ao perderem sua liberdade primeira de movimento, os "demônios" passaram a estar sob a dependência deles. Por outro lado, a partir de uma analogia feita com os soberanos daqui debaixo, imputou-se aos de Em-cima a responsabilidade por todas as obrigações e proibições que constrangem os homens: religiosas, sociais, administrativas, jurídicas e políticas. Toda infração em relação a uma norma qualquer — "interditos" imemoriais; imperativos dos costumes; prescrições implícitas do direito ou explícitas das autoridades — tornava-se *ipso facto* uma ofensa ao império dos deuses, uma "falta" contra eles, um "pecado"; e, assim como aqui embaixo os soberanos corrigem tudo o que desafia sua autoridade, cabia aos deuses, por meio de castigos convenientes, reprimir tais desordens. Esses castigos eram os males e os infortúnios da existência, e não eram mais infligidos pelos "demônios", como

A MAGIA E A MEDICINA REINAM NA BABILÔNIA

na visão "mágica" das coisas, de acordo com sua fantasia, mas desde então sob a ordem dos deuses, dos quais, no domínio da sanção, eles haviam se tornado os executores. Assim, "mal de sofrimento", em geral, e doença, em particular, integrados ao sistema religioso do Universo, haviam ali encontrado sua justificativa, sua explicação, sua razão última de ser.

E também seu antídoto, pois a técnica contra as "forças ruins" fora conservada, materialmente intocada, da Magia primeira: sempre feita das mesmas palavras e dos mesmos gestos — ritos orais e manuais, que antes agiam imediatamente sobre esses "demônios" hostis, mas que foram desde então incorporados ao culto sagrado, cuja parte, digamos, "sacramental" eles compunham. Por meio de cerimônias, atingindo às vezes as dimensões de liturgias solenes e das quais nos resta uma surpreendente quantidade de rituais, pedia-se aos soberanos do Mundo que mandassem que os "demônios" e as forças maléficas não se aproximassem de modo algum dos impetrantes, ou que se retirassem com os males com que os haviam arrasado. Isso se chama propriamente de Exorcismo.

Assim tinham-se outros meios para lutar contra as doenças: outra medicina, não mais específica, mas, por assim dizer, "universal", pois seu objeto era a expulsão do "mal de sofrimento" como tal. Ela não era mais fundada no empirismo, mas em um verdadeiro sistema de pensamento mitológico e, em suma, "teológico", de dependência dos deuses e de recurso ao seu poder. O especialista não era mais o *asû*, mas um personagem completamente diferente, um "clérigo": o exorcista. Em acádio, era chamado de *âshipu*, algo como "conjurador" (dos males) ou "purificador" (das máculas que supostamente haviam provocado a irrupção dos ditos males).

"A *DIMÎTU* SUBIU DO INFERNO"

Para que se veja o exorcista oficiando e se perceba a que ponto seu comportamento diante da doença se distinguia em relação ao do *asû*-médico, enumero a seguir, extraídas de um diretório *ad hoc*, as instruções que lhe eram dadas, visando a que procedesse ritualmente à expulsão de uma "doença" cujo nome (*dimîtu*) não nos diz mais nada e que, aliás, na nebulosa e imprecisa nosologia da época, parece representar toda uma família de afecções, mais do que um único mal:

1. Apresentação da doença e evocação de suas origens: "A dimîtu subiu do Inferno (...) e os 'demônios' que a traziam, encontrando este paciente abandonado por seu deus-protetor, que ele havia ofendido, envolveram-no com ela como com um manto!"

2. Descrição do estado miserável em que se encontra o doente, com vistas a despertar a piedade dos deuses: "Seu corpo está infectado; seus braços e suas pernas estão paralisados (...); seu peito se esgota em ataques de tosse, sua boca está cheia de muco, e ei-lo mudo, deprimido e prostrado!"

3. A origem sobrenatural do remédio é destacada, ao mesmo tempo para garantir sua eficácia e para sugerir que, em sua aplicação, o oficiante aja apenas em nome dos grão-mestres divinos do Exorcismo: Ea e Marduk.

> Quando o viu naquele estado, Marduk foi procurar seu pai, Ea, descreveu para ele as condições do doente e disse: "Ignoro o que esse homem possa ter feito para encontrar-se assim afligido, e não sei como curá-lo!" Ea respondeu ao filho: "Você sabe tudo! O que eu poderia ensinar-lhe, se você sabe tanto quanto eu?"

A MAGIA E A MEDICINA REINAM NA BABILÔNIA

4. O tratamento, sob a forma de instruções de Ea a Marduk, de quem o exorcista vai então desempenhar o papel:

> Eis, então, o que será preciso fazer para curá-lo: Você pegará sete pães de farinha grosseira (?), reunindo-os com um fio de bronze. Depois esfregará o homem com eles, e fará com que ele cuspa sobre os restos que cairão, pronunciando diante dele uma "Fórmula do Eridu" (conjuração ou oração especial, reputada por sua eficácia), [tudo isso] depois de tê-lo levado para a estepe, em um local afastado, ao pé de uma acácia selvagem. Você confiará então o mal que se abateu sobre ele (sob a forma da massa de pão com a qual ele terá sido esfregado e das migalhas caídas no decorrer da fricção) a Nin-edinna (a deusa-patrona da estepe), a fim de que Ninkilim, o deus-patrono dos pequenos roedores selvagens (que habitam a mesma estepe), faça com que estes peguem a doença (dando-lhes de comer os restos em questão).

5. Rito oral, sob a forma de invocação terminal:

> Que a divina curadora Gula, capaz de devolver a vida aos moribundos, o restabeleça por meio do toque de sua mão! E você, compassivo Marduk, para que ele fique completamente fora de perigo, pronunciará a Fórmula que o libertará de sua aflição!"

Não se trata, portanto, de um procedimento deixado à iniciativa do operador, como no caso do médico de Asaradon, mas de um verdadeiro ritual previamente fixado e *ne varietur*, no qual cabe ao exorcista apenas executar o cerimonial au-

177

NO COMEÇO ERAM OS DEUSES

toeficaz. De resto, o *âshipu* se apaga inteiramente diante dos deuses que representa: como se vê na fórmula final (5), são eles os verdadeiros curadores! O mal é aqui considerado uma realidade material, trazida de fora (do "Inferno") pelos "demônios" e depositada no corpo do doente, que se encontrava indefeso e exposto a tal perigo por seu deus, que ele havia ofendido e que o entregava, assim, aos executores de sua vingança (1). Para expulsar a doença intrusa, o tratamento (4-5), cuja receita é atribuída a Ea, mestre supremo do Exorcismo e inventor de todas as técnicas, deve ser aplicado, na pessoa do exorcista, pelo grande Marduk, filho de Ea (3); ele se funda na "lei" do contato e da transferência: pãezinhos (sobre os quais se lançarão infalivelmente os murídeos da estepe), no número "sagrado" de sete e reunidos em uma massa, são esfregados no corpo do paciente para "pegar" seu mal por meio desse contato íntimo. De acordo com uma outra "lei", também fundamental em Exorcismo e segundo a qual a repetição de palavras e atos reforça sua eficácia, o doente, ao "cuspir" nas migalhas caídas durante a esfrega e cuidadosamente recolhidas, transmite a elas a doença de que padece. A operação se faz fora do espaço socializado, em plena estepe, para que o mal seja mais seguramente afastado, não apenas do paciente, mas dos outros homens; ela ocorre junto a um arbusto que só cresce no deserto e ao qual era atribuída — ignoramos por que razão — uma virtude "purificadora". Abandona-se ali o pão, desde então portador do malefício; e os pequenos animais selvagens que virão devorá-lo, incitados pelas divindades locais, incorporarão à sua própria substância, levando-a com eles, a doença "retirada" do paciente. É esse o viés por meio do qual os deuses, invocados ao final (5), devem "curar" o doente.

A MAGIA E A MEDICINA REINAM NA BABILÔNIA

Resta-nos, assim, uma prodigiosa quantidade de "exorcismos" contra todos os males e infortúnios que podiam sobrevir aos homens, em sua situação, seu coração, seu espírito e seu corpo. Aos nossos olhos, apenas as duas últimas categorias são da alçada da terapêutica exorcística, mas somente o objeto imediato delas as distingue das outras. Todos esses procedimentos são construídos no mesmo esquema essencial; variam apenas, adaptados em cada caso aos objetivos e às circunstâncias particulares, os ritos manuais e o conteúdo das "orações" conjuntas, as "leis" a que se recorre, assim como as drogas utilizadas. Estas são, como na medicina, tomadas das diversas ordens da natureza, mas muito menos diversificadas, em razão de seu reduzido número de "poderes" exploráveis (purificação, expulsão, evacuação...). Diferentemente dos "remédios" médicos, essas drogas só tinham, com os males que deviam expulsar, uma relação "mística" e imaginária — como a acácia selvagem citada! Não eram tomadas como específicas, destinadas a lutar, por sua própria virtude, contra as doenças, mas apenas como suportes e reforços para as orações dirigidas aos deuses a fim de levá-los a agir.

Na medicina exorcística, somente os deuses agiam: ao exorcista cabia apenas implorar seu socorro por meio da aplicação de um ritual tradicional e considerado capaz de influenciá-los mais seguramente. Articulada em ficções, mitos e "forças" incontroláveis, tratava-se de uma terapêutica irracional. Na medicina empírica, o operador era o médico-*asû* em pessoa, que examinava o doente e decidia *hic et nunc* o tratamento a ser aplicado, que ele preparava com as próprias mãos, escolhendo as manipulações e os "simples" por sua virtude natural, que contribuía para frear ou deter a ação ou o progresso do mal. Causas e efeitos se encontravam proporcionados e eram da mesma ordem: tratava-se de uma terapêutica racional.

As origens dos dois métodos se perdem nas trevas da préhistória. Irredutíveis, porém, um ao outro, em razão de sua própria constituição e de seu espírito, seria imponderado querer a qualquer custo que o primeiro houvesse saído do segundo, ou vice-versa, ou que um representasse um progresso ou uma regressão do outro. De fato, sobreviveram lado a lado durante toda a história do país: do início ao fim, vemos empenharem-se juntos e com frequência, à cabeceira dos mesmos pacientes, exorcistas e médicos.

Consideremos o enfermiço Asaradon, por exemplo, que vimos confiar-se a seu arquiatro* Urad-Nanâ: ele recorria ao mesmo tempo aos exorcistas. De um deles, chamado Mardukshâkin-shumi, restam-nos cerca de trinta respostas às consultas do rei. Segue-se uma delas, contemporânea da carta de Urad-Nanâ e aparentemente relativa à mesma crise. Pode-se apreciar a diferença de tom e de ótica.

> Boa saúde ao Monsenhor Rei! E que os deuses Nabû e Marduk o abençoem! Monsenhor informou-me então que, nos braços e nas pernas, está sem forças, e incapaz até mesmo de abrir os olhos, tamanhos são seu mal e seu abatimento. É o efeito da febre, que permanece agarrada ao corpo. Não é, porém, nada de grave: os deuses Assur, Shamash, Nabû e Marduk proverão sua cura..., sua doença o deixará, e tudo ficará bem! Na verdade, basta esperar; e o Rei, com seu séquito, poderá comer tudo o que quiser!

---

*O arquiatro é o médico-mor de uma personagem importante.

A MAGIA E A MEDICINA REINAM NA BABILÔNIA

Para além desse belo otimismo, deve-se ouvir que Marduk-shâkin-shumi terá feito, nesse entretempo, o necessário — rituais e exorcismos — para obter o favor dos deuses relativamente a seu nobre paciente, sem que este e seus familiares corressem o risco de indispô-los ao romper um interdito alimentar qualquer. Médico e exorcista tratavam, portanto, simultaneamente, a mesma doença e o mesmo paciente, cada um de seu lado e com seus métodos.

DUAS TERAPÊUTICAS

Ocorria que quando o tratamento de um se revelava infrutífero, o paciente se voltava para o outro. Eis o que prevê um tratado médico sobre a "febre":

> Se o paciente é tomado, ao longo do tempo, por uma dor que não cede durante o dia, trata-se da intervenção de um fantasma (que é a causa). Quando o exorcista tiver feito seu ofício (sem resultados, entende-se), você (médico) massageará o doente com um unguento composto como se segue...

Naturalmente, o esculápio também conhecia fracassos, como deixa entrever outra tabuleta: "Apesar da intervenção do médico, houve recaída!" E até mesmo receitas haviam sido previstas para prevenir fiascos sucessivos: "Se o paciente, tomado por um fantasma, não tiver sido acalmado, nem pela operação do médico nem pela do exorcista, eis um remédio a ser aplicado..." Insucessos como esses de modo algum abalavam a confiança nessas duas terapêuticas e em seus repre-

NO COMEÇO ERAM OS DEUSES

sentantes: o *asû* era falível, como todo mundo; ele podia — conforme vimos anteriormente na carta de Urad-Nanâ — hesitar, e até mesmo enganar-se. Quanto aos exorcismos, os deuses permaneciam livres para não ouvir as orações que lhes eram dirigidas, e conhecemos rituais de recurso: "Para os casos em que os deuses teriam recusado" intervir no pedido. Do lado dos pacientes, nem a coexistência nem os fracassos das duas terapêuticas eram escandalosos: elas se completavam, e sempre se encontravam excelentes razões para explicar seus malogros. É por isso que a medicina empírica e a exorcística puderam, sem revoluções nem progressos intrínsecos apreciáveis, persistir lado a lado enquanto durou esta civilização.

Elas até mesmo se "contaminaram", com o tempo, de tal modo que nos ocorre encontrar algo do irracional exorcístico na medicina e algo do racional médico na prática dos *âshipu*.

Quando, por exemplo, o médico Urad-Nanâ, para reforçar a virtude sudorífera de sua loção, ou talvez para atenuar os efeitos demasiado violentos, manda para seu nobre cliente Asaradon "porta-amuletos para pendurar no pescoço", ele se comporta um pouco como um de nossos práticos que, tão cheio de devoção quanto seu doente, o aconselharia a usar uma medalha miraculosa. Essas bolsinhas, chamadas *melû*, eram na verdade da alçada dos exorcistas, que as preparavam com peles ritualmente tratadas e nelas encerravam, para reforçar "orações" e devotas manipulações, talismãs que supostamente afastavam as "forças maléficas".

Algumas doenças eram normalmente definidas, não por meio de termos próprios (*dimîtu, di'u*...) ou de algum tipo de descrição, como "ferida com corrimento", mas pelo recurso a nomes de divindades, demônios ou outros agentes sobre-

A MAGIA E A MEDICINA REINAM NA BABILÔNIA

naturais maléficos que as teriam provocado. Dizia-se: "Intervenção" ou "Apreensão" "do deus Shamash", "do deus Sîn", "da deusa Ishtar", "de um demônio-râbisu" ou "de um fantasma". Os exorcistas, na origem dessas ficções explicativas do estado do paciente, deviam tomá-las ao pé da letra, e certamente levavam-nas em conta para escolher o tratamento sobrenatural a ser aplicado. Os médicos tomaram deles por empréstimo, aqui e ali, essas denominações — como se terá notado na "Intervenção de fantasma" acima referida —, mas é possível que, no espírito deles, elas não tenham sido mais do que designações de estados mórbidos ou de síndromes mais ou menos bem definidas, eloquentes para eles, mesmo que não nos digam mais nada. Por exemplo, a "Intervenção de fantasma" parece ter definido um estado patológico mais ligado ao que chamaríamos de "nervos" ou de "psiquismo" do que ao organismo propriamente dito.

Um artigo digno de que nos detenhamos um momento é o contágio. Em uma carta escrita por volta de 1780 a.C., o rei de Mari, Zimri-Lim, em viagem, adverte nos seguintes termos sua esposa, que ficara no país:

> Chegou a mim que a Senhora Nannamé, embora acometida de uma doença purulenta da pele (literalmente: "ferida com corrimento") frequenta o Palácio e convive com inúmeras mulheres. Proíba rigorosamente qualquer uma de sentar-se em sua cadeira ou deitar-se em seu leito. Ela não deve mais ter contato com todas essas mulheres: pois a doença dela é contagiosa (literalmente: "se pega").

NO COMEÇO ERAM OS DEUSES

E em uma segunda carta, da qual só nos resta, infelizmente, um fragmento, o rei, falando aparentemente da mesma desafortunada, acrescenta que "como, por causa dela, inúmeras mulheres correm o risco de contrair a doença purulenta em questão, é preciso isolá-la num cômodo à parte..." Esses documentos, sem dúvida o mais antigo testemunho médico relativo ao contágio, nos mostram que, aos olhos dos *médicos* — como sugerem texto e contexto —, uma doença podia, por contato até mesmo indireto com o portador, passar do sujeito já atingido para outro. Em um país frequentemente devastado, desde seus tempos mais remotos — sabemos disso —, por mortíferas epidemias, não era necessário um gênio sobre-humano para tirar essa lição. Ocorre, porém, que essas mesmas considerações reaparecem em contextos indubitavelmente exorcísticos. Por exemplo, um grande diretório chamado "*Combustão*" (*Shurpu*) contém um longo trecho em que se examina como pôde chegar ao paciente o "porta-desgraça" que se agarrou a ele, devastando seu espírito, seu coração ou sua situação. Talvez, diz o texto, entre outras conjecturas, sua desafortunada vítima o tenha "pego" por contato mediato com alguém que já estava sob a ação do mesmo agente maléfico, seja por "ter-se deitado em seu leito, sentado em sua cadeira, ter comido em sua tigela ou bebido em seu copo". Eis, portanto, o "contágio", fenômeno antes de tudo e essencialmente empírico, explorado pelo Exorcismo. Ainda sobre esse aspecto, houve contaminação muito antiga deste pela medicina.

Último reflexo, mas não o menos significativo, dessa interpenetração das duas terapêuticas: entre as obras referentes às doenças, a mais notável — uma verdadeira obra-prima se levarmos em conta que foi composta, o mais tardar, há

A MAGIA E A MEDICINA REINAM NA BABILÔNIA

cerca de 35 séculos — foi intitulada por seu editor *Tratado de diagnósticos e de prognósticos médicos*. Distribuído em quarenta tabuletas, ele devia perfazer, em seu interior, entre 5 e 6 mil linhas de texto: resta-nos a metade. Construído com base no mesmo modelo que os manuais de "Divinação dedutiva", seu propósito era reunir todos os "sinais" e "sintomas" mórbidos observados com o intuito de tirar conclusões relativas à natureza do mal que eles denunciavam e à sua evolução. Retornaremos mais tarde às tabuletas I e II. Da terceira à décima quinta — a décima sexta se perdeu —, esses sintomas eram cuidadosamente classificados em uma ordem que passava em revista, da cabeça aos pés, todas as partes do corpo e levava sucessivamente em consideração, em relação a cada uma delas, as apresentações significativas do ponto de vista médico: coloração, volume, aspecto, temperatura, sensibilidade, presença de dados adventícios, atitudes gerais do doente em concomitância com esses sinais etc.

SÉCULO XVIII A.C.

Assim, a propósito do nariz:

> Se do nariz do doente escorre sangue...; se a ponta de seu nariz está úmida...; se a ponta de seu nariz fica alternadamente quente e fria...; se a ponta de seu nariz está amarela...; se a ponta de seu nariz está marcada com uma erupção vermelha...; se a ponta de seu nariz está marcada com uma erupção branca...; se a ponta de seu nariz está marcada com uma erupção vermelha e branca...; se a ponta de seu nariz está marcada com uma erupção negra..."

NO COMEÇO ERAM OS DEUSES

E assim sucessivamente. A tabuleta IX, por exemplo, que estuda o rosto, alinhava dessa mesma maneira 79 observações! Cada uma delas era seguida de seu diagnóstico: "Trata-se de tal doença" e, com frequência, de seu prognóstico: "Favorável" (literalmente: "Ele viverá") ou "Fatal" ("Ele morrerá"), ou ainda: "Restam-lhe tantos dias antes de curar-se" ou "de morrer"... As tabuletas XVII-XXVI, com base no mesmo modelo, reuniam não mais "sinais" tomados isoladamente, mas dados semiológicos concomitantes de diversas doenças em seu desencadeamento e sua evolução. Nada mais temos das tabuletas XXVII-XXXIV; as últimas, XXXV-XL, ocupavam-se, por sua vez, da gravidez e da patologia das mulheres grávidas e dos recém-nascidos.

O que impressiona o leitor dessa obra é sua dominante empírica: ela se funda com toda evidência em centenas de observações, em "casos" de cuja descrição soube-se descartar os traços acidentais, conservando-se apenas o que era significativo do ponto de vista médico. Tamanha curiosidade, acrescida de uma grande preocupação com o discernimento, a análise, a reunião e a aproximação de dados nosológicos, remonta provavelmente a uma grande antiguidade no país. Um breve florilégio divinatório de meados do século XVIII a.C. apresenta, assim, um diagnóstico de traumatismo craniano com perda de consciência, formulado a partir de uma observação de estrabismo bilateral: "Se o interessado está vesgo dos dois olhos: é porque seu crânio sofreu um choque; e seu raciocínio está no mesmo estado que seu crânio" (dizendo de outro modo: "Ele está com o espírito perturbado, desequilibrado"). Foram análises e reflexões desse gênero que forneceram a nosso *Tratado* o maior número de proposições médicas. Por exemplo:

A MAGIA E A MEDICINA REINAM NA BABILÔNIA

"Se, da cabeça aos pés, o doente está coberto de bolhas vermelhas, enquanto sua pele permanece lívida: ele está sob a ação de uma doença venérea"; "Se seu estado é de saída tão grave que nem sequer reconhece seus próximos: prognóstico fatal"; "Se seu rosto está petrificado e o tronco bloqueado: é o efeito de um ataque de paralisia, prognóstico fatal"...

Segue-se a descrição de um acesso de paludismo (que parece atribuído — ou associado? — a uma insolação):

Se, desde o início, sua doença é feita de crises remitentes no decorrer das quais o doente apresenta alternadamente acessos de febre, em seguida de arrepios e de transpiração, depois disso sente em todos os membros uma sensação de calor, em seguida se vê novamente tomado por uma febre alta, que cede então lugar a novos arrepios e a novos suores, trata-se de uma febre — di'u (o sentido preciso dessa palavra nos escapa) intermitente, devida a (?) uma exposição ao sol — ele a terá durante sete dias antes de recuperar-se.

E de um ataque de epilepsia:

Se o interessado, ao caminhar, cai subitamente para a frente, mantendo então os olhos dilatados, sem que eles voltem ao estado normal, e se, além disso, ele é incapaz de mexer braços e pernas: é uma crise de epilepsia que está começando...

Outro dado da mesma ordem — médica — está na prudência e no realismo empírico dos prognósticos. Essas qualidades se destacam ainda mais se compararmos o presente

NO COMEÇO ERAM OS DEUSES

Tratado a outros, de um campo vizinho: os de "Adivinhação dedutiva" fisionômica, que tirava suas previsões das diversas apresentações do rosto e do corpo dos consulentes. A maioria das predições neles encontradas, ainda que fundadas em uma "lógica" particular, são, a nossos olhos, completamente extravagantes em relação aos sintomas dos quais são extraídas, e o futuro considerado incide mais de uma vez em pontos distantes de um, dois, três anos, ou até mais: "Ele morrerá em dois anos"... Nosso *Tratado*, por sua vez, jamais se aventura, em sua prognose, para além do mês seguinte à observação — prazo medicamente plausível; e, em boa regra, o que ele prevê tem relações diretas e admissíveis com os sintomas. Seja, por exemplo, a observação de um "rosto lívido". O fisiognomonista conclui que "o interessado morrerá sob o efeito da água: ou das consequências de um Perjúrio; ou então, segundo outra interpretação, ele terá vida longa". Ao passo que os médicos do *Tratado* se contentam em anunciar que o doente "morrerá em breve". Diante de um rosto exangue, não seria mais racional, mais "lógico", prever um enfraquecimento funesto, por anemia, por hemorragia interna ou por outra causa análoga, do que uma morte causada "pela água" (fórmula, de resto, ambígua, sem dúvida voluntariamente), ou pela ação misteriosa de um juramento violado, e ainda menos uma vida prolongada?

"POR QUE EU?"

Tanto do lado de seus diagnósticos quanto de seus prognósticos, há, pois, no *Tratado* uma preocupação com a verossimilhança, com a verdade positiva e constatável, na linha

A MAGIA E A MEDICINA REINAM NA BABILÔNIA

direta de um esforço racional e, digamos, médico, no sentido próprio da palavra, de análise dos dados factuais bem como de reflexão sobre o que pode ser descoberto em uma perspectiva nosológica. É uma obra de medicina.

E no entanto, em meio a todo esse bom-senso, a esses julgamentos serenos, a essa competência confiável, aparecem, aqui e ali, traços irracionais e provenientes diretamente do Exorcismo. Não nos demoremos nos diagnósticos relativamente frequentes do tipo "Intervenção de tal deus", "de tal demônio", "de tal força maléfica": como antecipamos antes, ainda que as palavras empregadas estejam efetivamente ligadas à "mitologia", é possível que esses diagnósticos tenham sido tomados como formulações de síndromes nosológicas. Em compensação, estamos em pleno "sistema teológico do Mal" quando lemos: "Se o interessado é tomado por dores na bacia: é uma Intervenção do deus Shulak, pois ele se deitou com a irmã; ele se arrastará por algum tempo, e depois morrerá"; "Se suas têmporas estão doloridas e os olhos velados: é porque ele maldisse seu próprio deus, ou o deus de sua cidade..."

Mas é sobretudo pelas duas primeiras tabuletas que o *Tratado* parece inteiramente mergulhado no universo mitológico e irracional do Exorcismo. Nessas duas tabuletas, o *ashîpu*, e apenas ele, é convidado a prestar atenção aos "sinais" casuais que se apresentariam enquanto estivesse a caminho da visita ao doente que o chamou: *antes mesmo de ter examinado o paciente*, ele poderia deduzir desses sinais tanto o diagnóstico da doença quanto seu prognóstico: "Se, a caminho, o exorcista avista um porco cor-de-rosa: o doente para cuja casa se dirige sofre de uma hidropisia"; "Se ele avista um porco negro: prognóstico fatal!"

NO COMEÇO ERAM OS DEUSES

Na falta de manuscritos suficientes e repartidos no tempo, escapa-nos a história — verossimilmente secular — da composição desse *Tratado* tão complexo, no qual intervieram tantas mãos durante tantos séculos. Ela, sem dúvida, explicaria como foi possível organizar, a partir de tabuletas obviamente concebidas em um espírito exorcístico, uma obra médica. Quaisquer que tenham sido as circunstâncias que presidiram a essa adição, fica claro que se quis dar aos usuários do *Tratado* uma visão das duas medicinas de certa forma aliadas.

Se semelhante reunião, com toda evidência, em nada modificou as características essenciais de cada uma delas, qual poderia ser a utilidade de sua conjunção? De minha parte, vejo duas vantagens. Da primeira, já temos uma ideia: no plano terapêutico, afinal de contas fundamental, só se podia encorajar a aplicação das duas técnicas em conjunto, multiplicando, assim, as chances de sucesso. Era esse o costume, como vimos, e a composição do *Tratado*, dessa forma, o reiterava.

Mas talvez haja outro ponto ainda mais capital a ser considerado: ao fornecer remédios, programas de cuidados, chances de cura, não menos do que nomes e descrições de doenças, e até mesmo, depois dos diagnósticos, cálculos relativos a seu progresso, a medicina empírica priorizava apenas as causas imediatas: "Ele sofreu um choque"; "Pegou esse mal deitando-se com uma mulher"; "Ficou muito tempo exposto ao sol"... Mas a medicina exorcística ia muito mais longe: sistematizada e diretamente ligada à perspectiva teocêntrica, a única universalmente válida e esclarecedora naquele país e naquele tempo, ela associava a doença, como todo "mal de sofrimento", não apenas à sua causa imediata, mas àquilo que explicava o desencadeamento desta: a vontade punitiva dos deuses. Por essa via, apenas ela tinha condições de dar a razão última do mal: apenas ela tranquilizava completamente o espírito. Sei que, se estou nesse estado, é em consequência de um choque, de uma companhia duvidosa, de uma exposição ao sol: mas *por que isso aconteceu a mim*? Eis a verdadeira questão que atormentava — e ainda atormenta — os doentes e os desafortunados! Decerto que a resposta, *a priori*, só podia ser — e ainda o é — imaginária, irracional. Mas é preciso crer que o homem necessita verdadeiramente de tais respostas, definitivas aos seus olhos, mesmo que não possa controlá-las e demonstrá-las.

Atualmente, quando vemos, de um lado, a persistência do sentimento religioso e da crença em um mundo sobrenatural, qualquer que seja ele, e, do outro, em sentido contrário, o sucesso de métodos curativos irracionais, se não disparatados e ineptos, talvez possamos pensar que, no fundo, as coisas não mudaram tanto desde a antiga Babilônia...

CAPÍTULO V **A mais antiga cozinha do mundo***

---

*Este artigo foi publicado na revista *L'Histoire* n° 187, pp. 80-85.

Quando, há cerca de doze anos, assinalei a descoberta, na coleção da universidade de Yale, de três tabuletas cuneiformes em língua acádia datadas dos anos 1700 a.C. apresentando as mais antigas receitas culinárias conhecidas — 2 mil anos antes das de Apicius, que eram consideradas as mais antigas — fazia pouco tempo que eu havia começado a estudá-las. As tabuletas não apenas estavam em mau estado e cheias de rachaduras e lacunas, o que é quase sempre a regra para esses documentos de argila, a um só tempo sólidos e quebradiços, como também, na falta de paralelos, eram, na verdade, difíceis de serem penetradas.

A REVOLUÇÃO DO COZIMENTO NA ÁGUA

O problema não estava em ler ou em decifrar as tabuletas palavra por palavra: os copistas as transcreveram com cuidado, até mesmo com elegância; e tanto a língua quanto a gramática, à parte algumas curiosidades, eram suficientemente de seu tempo para que não fosse demasiado árduo, ou impossível, dominá-las. De um lado, porém, certo número de termos novos, ainda mal atestados ou inteiramente desconhecidos, relativos sobretudo aos produtos utilizados, difi-

NO COMEÇO ERAM OS DEUSES

cultavam a inteligibilidade. De outro lado, quando se trata de técnica, de procedimentos tradicionais eficazes, de movimentos de mão — na maior parte das vezes anotados em uma linguagem "de ofício", ignorada pelos profanos, sobretudo depois de 35 séculos de esquecimento —, quem quer que tente compreender, para além do literal, a sequência e a totalidade de um procedimento mais ou menos complicado, como o que é calculado para resultar em alimentos não apenas comestíveis mas saborosos, permanece frequentemente bastante estupefato, intrigado ou perplexo. Imagine-se, daqui a mil anos, os olhos esbugalhados do decifrador de nossos manuais de cozinha, exortado a "empanar" seu pedaço de carne, ou a "salteá-lo" em uma frigideira, antes de "montá-lo" sobre uma "massa estendida"! Esses impedimentos — não menos do que outras ocupações — retiveram-me durante dez anos sobre esses anfiguris, adiamento afinal irrisório se pensarmos nos séculos e séculos durante os quais eles estiveram adormecidos sob a terra. Além disso, diante de documentos mais ou menos herméticos como esses, deixá-los de tempos em tempos descansar é um método testado: ainda que não retornemos a eles com muita frequência, alguns recantos obscuros se deixam nesse entretempo clarear, "sozinhos" ou mediante novas reflexões e descobertas, sem falar das aproximações internas, cada vez mais fáceis e frutuosas à medida que nos deixamos penetrar por aquilo que já pudemos penetrar e que nos permite até mesmo preencher, aqui e ali, com circunspeção, lacunas mais ou menos escancaradas e importunas. Terminado há três anos, meu trabalho está no prelo. Trata-se, contudo, de uma edição erudita, de que, aliás, não devemos fazer economia em nossa disciplina, mas que é me-

A MAIS ANTIGA COZINHA DO MUNDO

lhor evitar para os não profissionais. Pensei, pois, que, para esses, poderia ser útil completar (e, em certos trechos, precisar, e até mesmo corrigir) meu supracitado artigo para a revista *L'Histoire*, oferecendo simplesmente aqui, na sequência, livre de toda minúcia e de toda discussão filológica, o teor completo de minhas três tabuletas (ao menos do que resta delas!), apresentado da melhor maneira possível, para colocá-las imediatamente ao alcance de todos, na linguagem culinária que nos é familiar.

Trata-se apenas de cozinha à base d'água. A exposição direta ao fogo, para assar ou grelhar, era comum, na Mesopotâmia antiga como em toda parte, e de prática imemorial. Mas o recurso a um meio líquido de cozimento constituiu na cozinha uma revolução e um progresso consideráveis. Não apenas o próprio cozimento tornava-se mais modulável e sutil, como esse meio podia ser variado e enriquecido indefinidamente, tanto no plano nutritivo quanto no gustativo. As 33 receitas que podem ser lidas o demonstrarão muito bem: todas essas adições de gordura, de alimentos, de condimentos e de especiarias diversas, em combinações calculadas e sábias, teriam sido inimagináveis em regime de exposição bruta ao fogo. Foi o cozimento na água que tornou possível uma verdadeira culinária, e até mesmo, no ponto surpreendente em que vamos encontrá-la, o que devemos de fato chamar de gastronomia autêntica, mesmo que tenhamos razão em pensar que, ao menos quanto à apresentação refinada em que se encontra aqui detalhada, ela devia estar reservada para os grandes desse mundo e do outro. Mas ainda que as adaptemos a uma linguagem que nos seja um pouco mais familiar, é possível que essas receitas, chegadas de tão longe, não sejam, de saída, totalmente inteligíveis. Em primeiro lugar, porque diferem demais de nossos gostos e práticas. Além disso, é bem conhecido que os técnicos, entre si, jamais entram nos detalhes, indispensáveis aos leigos: longe de explicar tudo, eles tendem a se ater ao que estimam mais essencial — e ainda assim dizem isso à sua maneira, segundo sua visão das coisas, que praticamente não compartilhamos mais. Por exemplo, nossos autores jamais se referem a práticas como "grelhar" ou "assar" — sequer têm palavras para elas; falam apenas de passagens ao caldeirão antes do cozimento definitivo, normalmente feito em uma panela. Nós também não usaríamos a "frigideira" para providenciar uma ebulição com muita água. Um duplo, ou até mesmo um triplo cozimento, primeiramente no caldeirão, depois na panela, ora sem água, ora com água, teriam algo de irracional e absurdo.

Precisei, portanto, explicitar o que eles apenas sugerem, com a alternância que faziam de vasos para cozinhar, cada um em seu contexto: a panela, de cerâmica e normalmente feita para muita água, e o caldeirão, de bronze e para um regime diferente de cozimento, para passagens ao fogo, seja a seco ("grelhando" ou "no vapor"), seja com muito pouco líquido ("assando"). Mas fomos nós que chegamos a essa conclusão, por nossa conta e risco; ela não é explícita, como esperaríamos dos autores de nossas receitas. Esse silêncio de especialistas nos priva de inúmeras precisões. Deixa, porém, intacto o esquema estrutural de cada receita, permitindo-nos, assim, ter uma ideia do tipo particular de cozinha dos antigos mesopotâmios. Ela nos surpreende, certamente, por algumas

A MAIS ANTIGA COZINHA DO MUNDO

rotinas estranhas, como os pré-cozimentos e as perpétuas "lavagens com muita água" da carne após cada pré-cozimento...

MEL EM CALDO SALGADO

Mas ela nos impressiona sobretudo pelo fato de, ao menos nas presentes receitas, amostra suficientemente representativa, parecer-nos refinada, complicada e engenhosa. O que talvez não seja inesperado, se considerarmos os prováveis destinatários desses pratos: a classe alta, mas principalmente, como dão a entender certos "títulos", os deuses em pessoa.

Sabemos, com efeito, que, nesse país, um dos atos essenciais do culto cotidiano dos deuses era o serviço de mesa, baseado no modelo da etiqueta dos reis, porém ainda mais faustuoso e solene. Vários pratos, como vimos, exigiam não apenas um ou dois pré-cozimentos, mas cerca de meia dúzia de condimentos e temperos; e estes eram na maioria das vezes associados, para explorar — é claro — sabores sutilmente reconhecidos como complementares. Esses velhos cozinheiros também haviam aprendido a reforçar a capacidade nutritiva de suas preparações por meio da combinação diversificada dos alimentos tratados, o que apenas o cozimento em meio líquido, justamente, permitia: adições de gordura, leite, sangue, cerveja, farinha e cereais, para enriquecer, engrossar e "ligar" o caldo.

A cozinha deles também tinha algo precioso e apurado, magnífico, digamos, na própria apresentação dos pratos, voluntariamente rebuscada: em forma de torta, ou antes de

NO COMEÇO ERAM OS DEUSES

falsa torta (uma vez que a camada superior da massa não parecia ser ligada, antes do cozimento, à inferior); o animal cozido, artisticamente disposto "de costas", com pés e mãos atados, em uma peça única; ou esta extraordinária receita final da segunda tabuleta, em estratos superpostos: uma camada de massa cozida, um bolo de farinha enriquecido, uma calda de guarnição e, reinando por cima, a carne cozida, coroada com uma "tampa" de massa. Há aí, na verdade, um ritual: de etiqueta de corte ou de liturgia no templo. Mas é impossível não reconhecer, de um lado ao outro, um gosto refinado (da boca e dos olhos) e uma decidida gastronomia. O que deixa intacta a questão de saber se, ao vermos tais pratos sobre nossas mesas, nos regalaríamos ou não. É pouco provável. Não apenas essa culinária era pesada e gordurosa (o que "dava ares de riqueza"), uma vez que cada prato comportava uma honesta porção de gordura (de carneiro!), como também seu tempero nos teria dado vontade de vomitar, sobretudo pela extraordinária profusão de aliáceas combinadas — duas, quatro, ou mais — e estes gostos insólitos: cuscuta(?), cipreste(?), arruda(?)...; e estas misturas que nos são pouco habituais: mel em caldo salgado...

Nada nos obriga, contudo, a nos apropriar dessas receitas tal como haviam sido concebidas e ritualizadas pelos veneráveis *"chefs"* de um mundo há tanto tempo desaparecido. Em matéria de culinária, como em outros planos, é possível que a Babilônia tenha estado, à sua maneira, no "berço de nossa cultura". A cozinha aqui transparente bem poderia ter desempenhado o papel de ancestral, não da nossa, é claro, nem mesmo por uma via oblíqua, mas de outra que hoje apreciamos: a cozinha tradicional do Oriente Médio, árabe-tur-

A MAIS ANTIGA COZINHA DO MUNDO

ca, ou libanesa, como por vezes é chamada. Assim, quando a saboreamos, deveríamos dedicar uma lembrança de reconhecimento aos velhos cozinheiros, inventivos, engenhosos e ousados que, há mais de 35 séculos, elaboraram, ritualizaram, escreveram e realizaram essas verdadeiras receitas.

CAPÍTULO VI A mais antiga história do vinho*

*Este artigo foi publicado na revista *L'Histoire* n° 187, pp. 80-85.

No território hoje coberto pelo Iraque e em seus arredores — o que chamamos de Mesopotâmia — descobriu-se, há 150 anos, não apenas grande quantidade de ruínas antigas ou de objetos arqueológicos de toda espécie, mas meio milhão de tabuletas, ou plaquetas de argila, seca ou cozida, recobertas de sinais cabalísticos.

Para aqueles que se interessam pela história antiga, sobretudo a mais antiga, a Mesopotâmia — bastante negligenciada e desconhecida, especialmente na França, em prol do Egito, mais cintilante — oferece uma dupla vantagem. Em primeiro lugar, sabemos hoje que, durante séculos e séculos, ela brilhou outrora em um Oriente Médio ainda culturalmente pobre, o qual iluminou por muito tempo como um farol, fecundando-o com suas descobertas técnicas, políticas, intelectuais e religiosas.

Ela trouxe inúmeras contribuições, de um lado para os israelitas, autores da Bíblia, e do outro para os antigos gregos, surgidos uns e outros por volta do segundo milênio a.C., e, portanto, muito mais jovens. E, uma vez que a "civilização ocidental", na qual continuamos hoje a viver, nasceu notoriamente, no início de nossa era, na confluência desse duplo rio, greco-bíblico, os antigos mesopotâmios são de fato, nesse plano, nossos mais antigos ancestrais em linha ascendente

NO COMEÇO ERAM OS DEUSES

direta, identificáveis nas brumas de nosso passado, antes da noite cada vez mais profunda da pré-história.

Em segundo lugar, como foi na Mesopotâmia que, por volta de 3200 a.C., se inventou a escrita, a que devemos a existência de documentos nos quais materializou-se, fixou-se e tornou-se transmissível o pensamento dos homens, há tanto apagado e esquecido, a documentação mesopotâmica, "cuneiforme", é a mais antiga que temos, vasta e detalhada, desde os tempos mais recuados. Até mesmo a escrita egípcia dos "hieróglifos", também abundante em documentos antigos, só apareceu dois ou três séculos depois da cuneiforme. Quanto aos outros escritos antigos que conhecemos e podemos ler e utilizar, eles não são — grosso modo! — anteriores à metade do segundo milênio a.C., há 3.500 anos. A Mesopotâmia, portanto, amplia essa duração para mais de 5.000 anos!

Para falar da "mais antiga história do vinho", o especialista da Mesopotâmia pode, portanto, não apenas exumar detalhes arcaicos e inéditos como também levá-la muito mais longe, e segui-la durante muito mais tempo do que em qualquer outro lugar, mesmo que, por falta de documentos suficientes e de uma compreensão satisfatória, essa história seja, por força, descontínua e lacunar. Deverei naturalmente interromper-me no momento em que a escrita começa e no qual desaparecem, para além dela, os documentos sem os quais nenhuma história autêntica é possível. Cederei então a palavra aos pré-historiadores, arqueólogos, paleobotânicos e palinólogos. Mas, como todos sabem, o que eles têm a dizer-nos, ainda que importante, ainda que capital, não poderia ser eloquente, circunstanciado, preciso e definitivo; tende, antes, de maneira geral, a ser vago, conjetural e incerto, e nem sempre é convincente ou decisivo. Na verdade, nada valem os detalhes, as exatidões e a clareza de uma boa documentação escrita, bastante abundante, sem ambiguidades e indiscutível, como é o caso das tabuletas cuneiformes, que, mesmo não podendo nos dizer tudo (com o tempo, uma enorme quantidade delas deve ter-se perdido, e o subsolo do Iraque está longe de ter revelado todos os seus segredos), nos ensinam bastante sobre "a mais antiga história do vinho".

É necessário, antes de tudo, precisar que, ao falar da Mesopotâmia, sobretudo nas épocas mais antigas, até aproximadamente 1500 a.C., temos mais em vista, se não quase exclusivamente, sua parte meridional, de maneira geral entre Bagdá e o golfo Pérsico — o que chamamos, de bom grado, de Babilônia —, região lodosa, plana, seca e exposta aos grandes calores estivais. Foi lá que surgiu, no quarto milênio a.C., a alta e venerável civilização mesopotâmica, nascida da fusão de duas populações, cada uma com sua cultura própria: de um lado, os sumérios, chegados provavelmente do sudeste, ao longo da fronteira iraniana; de outro, os acádios, aparentados com os semitas do noroeste: da "Síria", de onde tinham vindo, e por muito tempo continuaram a vir, sedentarizar-se naquela rica região "entre rios". A metade norte do país, a Assíria (em torno de Nínive/Mossul), desempenhou apenas, no plano cultural, um papel secundário e tributário do sul, como uma espécie de subúrbio distante.

A CERVEJA "EMBRIAGANTE" DOS ACÁDIOS

Na Babilônia, de onde nos vem a quase totalidade de nossos documentos mais antigos, desde os primórdios da escrita, é fato comprovado que, ao lado da água pura — poção

NO COMEÇO ERAM OS DEUSES

verdadeiramente universal de todos os tempos —, a bebida mais comum, mais popular, não era o vinho, mas a cerveja. Esse território de aluviões, entre o Tigre e o Eufrates, sulcado por canais, era eminentemente próprio para a cultura em grande escala de cereais.

Temos excelentes razões para pensar que a dedicação a ela foi intensa, desde o mais tardar o quarto milênio a.C.; é com base em tal trabalho, e ao mesmo tempo na inteligência, na energia e no senso de organização dos habitantes do país, que muito cedo se edificou sua riqueza e preponderância. Era, portanto, inevitável que os cereais fornecessem o essencial do regime alimentar: o pão, que, imerso na água e fermentado, produzia singelamente o líquido alcoolizado que era a cerveja — mesmo que esta ainda estivesse muito longe da que consumimos hoje. Essa cerveja, à qual os sumérios davam um nome cuja significação original nos escapa, *kash*, e os acádios, *shikâru*, literalmente "a embriagante", já figura entre os mais primitivos sinais da mais antiga escrita, por volta de 3200 a.C.

O símbolo que a representa é um grande vaso, em cujo interior se veem grãos, que evidentemente foram deixados na água para fermentar. Não apenas se permaneceu fiel a essa bebida no país, até o fim, no início de nossa era, e mesmo além — por consequência por bem mais de três milênios —, como também sempre lhe foi dado um lugar privilegiado entre as outras bebidas (tisanas diversas e "vinhos" de tâmaras e de outras frutas, em especial), desenvolvendo-se em torno dela, com o tempo, toda uma técnica de "brassagem", engenhosa e sofisticada. Encontramos até mesmo fragmentos de um formulário para fabricá-la, espécie de "manual do cervejeiro", e nossos textos nos permitem conhecer mais de cinquenta tipos de preparação diferentes, variando entre si pelo grau alcoóli-

A MAIS ANTIGA HISTÓRIA DO VINHO

co e pela encorpadura, pelos cereais de base e pelos diferentes sabores acrescentados. Qualquer que fosse sua forma, a cerveja era verdadeiramente, ao lado da água pura, a bebida preferida: dos mais pobres aos que se encontravam mais acima na hierarquia social, dos simples súditos aos governantes e reis, todos se deleitavam com ela, mesmo os deuses, aos quais era oferecida, durante as cerimônias de culto, sob suas apresentações mais refinadas. A civilização mesopotâmica foi, essencialmente, uma civilização da cerveja.

E o vinho? A videira, enfim, poderia ter chegado lá. Heródoto (aproximadamente 450 a.C.) assegura, contudo, que ela era desconhecida. Um obscuro escritor grego do século II a.C., Júlio, o Africano, chega a pretender que Dionísio, o deus grego do vinho, se zangara com os babilônios e se recusara a instalar-se entre eles, por conta da obstinação desse povo em beber apenas cerveja. Na verdade, quanto a isso, esses dois autores se equivocaram um pouco, como podemos nos assegurar mergulhando em nossa documentação autóctone.

Em primeiro lugar, encontramos nos mais antigos signos da escrita a prova de que a videira, ao menos, era bastante conhecida e cultivada desde pelo menos os últimos séculos do quarto milênio a.C. Temos, de fato, um "esboço" para representá-la e designá-la. Ele é composto do desenho da "madeira" (que era chamada de *gish*; *gesh*, em sumério) ao qual se superpõe outro, que não sabemos o que representava e significava, mas que se lia *tin*; a videira se chamava, portanto, *gesh-tin*, nome que manteve em sumério. Mais tarde, o mesmo signo *tin* seria utilizado para designar "a vida"; mas seria temerário, e muito provavelmente errôneo, entender, ao menos na alta época, *gesh-tin* como "a madeira/ a árvore da vida". Que pena!

NO COMEÇO ERAM OS DEUSES

De toda maneira, o signo *geshtin* se relacionava não ao vinho, mas à "árvore" de que é tirado: a videira. A prova de que a videira foi trazida de fora pode ser encontrada no próprio nome que os acádios lhe deram: *karânu*, retirado do semítico que então se falava na região síria, de onde esses mesmos acádios provavelmente vieram — em hebraico e em árabe ainda é chamada de *karam*. Como quase sempre, eles importaram a coisa com seu nome — é o caso, por exemplo, de nosso *thé* e do *pudding**...

Uma vez introduzida, talvez desde o fim do quarto milênio a.C., se ela não se desenvolveu por toda parte, como, afinal, teria sido possível, isso se deve manifestamente à preponderância afirmada da cultura cerealista. A única arboricultura que pôde se desenvolver amplamente, junto com a agricultura, no sul do país, foi a fenicicultura, a cultura da tamareira. A videira — ainda que mais tarde, no segundo milênio a.C., várias explorações dela no sul do país sejam conhecidas — praticamente não passava, no início, de uma "árvore frutífera" entre outras, cultivada no jardim para diversificar a produção de cereais. Nada, na documentação mais antiga, nos autoriza a pensar que se tenha desde então conhecido o produto da videira que era o vinho. O que se consumia, e que sempre se consumirá com deleite, eram os frutos da videira, as uvas, que eram postas para secar. É apenas *possível* que se tenha aprendido a vinificá-las.

Ainda hoje, no Iraque — reporto-me aqui às minhas últimas lembranças de lá, há vinte anos — as famílias conservam a tradição de obter a cada ano um pouco de uvas, que colhem no jardim ou compram, esmagam e deixam fermentar,

---

*Respectivamente chá e pudim. (*N. T.*)

A MAIS ANTIGA HISTÓRIA DO VINHO

açucarando-as bastante (ou mesmo demais!), para preparar uma pequena provisão de vinho do qual se fica orgulhoso. Experimentei mais de uma vez, o suficiente para me dar conta, sem o menor chauvinismo, de que não é o caso, para apreciá-lo, de recorrer aos critérios com que apreciamos nossas regiões produtoras. Mas pouco sabemos sobre até que ponto seria possível supor a prática de semelhante vinificação privada na Mesopotâmia, na época antiga, uma vez que não temos realmente nada em nossos textos que possa nos dizer algo a respeito. Muito pelo contrário, se a videira existe em toda parte no país, desde a primeira aurora da história, o vinho só nos é atestado mais tarde, e nos aparece inicialmente como vindo de fora.

O mais antigo texto que nos fala explicitamente dele (ele tem o mesmo nome da videira: *geshtin*, em sumério, e *karânu*, em acádio, mas o contexto discrimina) data de aproximadamente 2350 a.C. Numa das inscrições comemorativas de seus altos feitos que, segundo o costume, o rei da cidade meridional de Lagash, Uruinimgina, havia mandado gravar em pedra, ele se gaba de ter "mandado construir uma adega à qual, desde a 'montanha', trazia-se vinho em grandes vasos". A esse respeito, pode-se observar dois aspectos. Primeiramente, para designar o local próprio para armazenar e conservar o vinho, a "adega", faltam palavras ao escriba, que, não por acaso, escreve "reserva de cerveja" — o que já é eloquente para acusar o enraizamento prioritário dessa bebida no país.

Em segundo lugar — e principalmente —, o vinho, de saída, nos aparece aqui como importado, e importado da "montanha". Esse termo, que tanto em acádio quanto em sumério significava "o estrangeiro" (que se separava da Mesopotâmia, no nordeste e no leste, por montanhas), tem gran-

211

NO COMEÇO ERAM OS DEUSES

des chances de designar aqui o que mais tarde será chamado de "o Alto-País", isto é, todo o território que se estendia, no noroeste e no norte, desde o Mediterrâneo e até mesmo a Anatólia Oriental, até os piemontes do Cáucaso, e que, para ser breve, chamarei aqui de região "sírio-armênia", terra não apenas bem fornida de alturas, colinas e massas montanhosas (acidentes geográficos completamente desconhecidos nesse plano país que é a Baixa Mesopotâmia), mas cujo acesso exigia que se "subisse de volta" o curso do Eufrates ou o do Tigre. Foi do oeste dessa região, da Síria, que chegaram os primeiros semitas que se instalaram na Mesopotâmia, aos quais já imputamos a importação da videira. O vinho também veio, pois, de lá, ainda na Mesopotâmia, entende-se!

O que Uruinimgina nos ensina a respeito da origem do vinho de que fala não é um traço isolado: na sequência dos tempos, as origens estrangeiras do vinho são frequentemente evocadas, de todas as maneiras, em nossos textos, e mais de uma vez ele é relacionado à mesma região, recebendo por vezes o significativo nome de "cerveja da montanha". Por si, essas alusões não implicam que devamos atribuir à região "sírio-armênia" a origem do vinho como tal, mas somente a daquele que circulava na Mesopotâmia. Contudo, elas adquiriram uma eloquência ainda mais impressionante, quanto a esse aspecto, pelo fato de se somarem a uma antiga tradição disseminada no Oriente Médio antigo, no Egito e na Grécia, segundo a qual foi exatamente ali, onde a videira era cultivada de maneira sistemática e próspera, que se deu o nascimento da vinificação.

A mais conhecida versão dessa lenda é encontrada na narração bíblica do Dilúvio (*Gênesis* IX, 20s). Ao final desta, Noé, que desembarcara de sua arca na região armênia

A MAIS ANTIGA HISTÓRIA DO VINHO

(Ararat), foi o primeiro a cultivar a videira e fazer vinho, o que — como se podia esperar — lhe permitiu tomar um famoso porre: o primeiro! A antiga documentação cuneiforme confirma portanto, à sua maneira, a venerável lenda da origem "sírio-armênia" do vinho: essa região — a qual sabemos hoje que foi o cenário do aparecimento dos primeiros cereais cultiváveis do Oriente Médio, especialmente da cevada e do frumento, por meio de mutações de gramíneas selvagens — terá igualmente visto não digo o aparecimento primeiro da videira e da vinicultura, mas ao menos sua primeira exploração conhecida, não mais para consumir uvas, mas para fabricar com elas essa bebida fermentada e alcoolizada que todos veneramos desde então.

BARCOS CARREGADOS DE VINHO DESCEM O EUFRATES

Para voltar à nossa Mesopotâmia, desde o velho Uruinimgina, no século XXIV a.C., até o fim da história do país, nos primórdios de nossa era, o vinho aparece cada vez mais frequentemente nos textos: sinal evidente de que se havia tomado gosto por ele, sem, contudo, abandonar a água pura, de um lado, e a cerveja, de outro, como testemunham esses mesmos documentos. É possível, sobretudo após a metade do segundo milênio a.C., que, aqui e ali, se tenha até mesmo, a partir de um pequeno pé, praticado ao mesmo tempo a viti e a vinicultura (ainda que se tenha tido que esperar a conquista de Alexandre, o Grande, em torno de 330 a.C., para que essas "indústrias" fossem levadas até o sul do país). O vale do Diyala, no nordeste de Bagdá, e os piemontes de Zagros produziram alguns vinhos conhecidos por seu nome geográfico

NO COMEÇO ERAM OS DEUSES

(como nossas regiões produtoras), mas, uma vez mais, bastante tardiamente e de maneira inteiramente secundária.

O vinho aparece, sobretudo — e em toda parte —, como o objeto de um comércio ativo e de importação a partir da região sírio-armênia, seja por meio das caravanas, seja ao descer de barco o Eufrates (principalmente a partir do porto de Karkemish, cerca de 100 quilômetros a nordeste de Aleppo).

Desse comércio, desde a primeira metade do segundo milênio a.C., o mais tardar, temos inúmeros ecos nos "papéis e cartas de negócios" que recuperamos aos milhares. Eis aqui dois trechos eloquentes. Trata-se de cartas enviadas por um negociante babilônio chamado Bêlânu, que vivia, por volta de 1750 a.C., na cidade de Sippar, 30 quilômetros ao norte da cidade da Babilônia. Ele tinha, entre outros, um ajudante chamado Ahuni, encarregado de ir pessoalmente, percorrendo o Eufrates, comprar e enviar para ele diversas provisões, que detalhava e vendia na Babilônia.

O AMARGO DE TUPLIASH: REGIÃO PRODUTORA DA MESOPOTÂMIA

Em uma primeira missiva, Bêlânu o censura por ter esquecido ou perdido a oportunidade de comprar-lhe vinho, o que demonstra ao menos que fazia deste objeto de comércio:

> Os barcos fretados, carregados e mandados por você chegaram aqui, em Sippar, no final do percurso. Mas por que você não comprou também, fazendo com que chegasse a mim, vinho de qualidade? Mande-me, pois, trazendo-o para mim em pessoa nos próximos dez dias!

Uma outra vez, tendo a informação de que um carregamento de vinho fora desembarcado em Sippar, de onde estava ausente, ele ordenou a seu ajudante, que lá se encontrava: "Chegou em Sippar um barco carregado de vinho. Compreme por dez siclos e, trazendo-o para mim, venha me encontrar em Babilônia." Dez siclos eram cerca de 80 gramas de prata (que, entende-se, servia na época de numerário), com o que era possível pagar cerca de 2.500 litros de grão. A cotação do vinho era, portanto, alta: outros documentos nos mostram que ele era vendido a pelo menos um siclo por cada 20 litros, ou seja, 250 vezes mais caro do que o grão! Pela soma que lhe era atribuída, Ahuni devia trazer a seu patrão aproximadamente 300 litros de vinho, volume relativamente modesto, afinal, e que reforça que, se era objeto de tráfico, o vinho não era, ou ainda não era, ao menos na Mesopotâmia, uma mercadoria comum e de uso universal, mas um produto, digamos, "de luxo", sobretudo raro e reservado aos ricos e grandes deste mundo, e do outro.

Parece que com o tempo, como o gosto era facilmente contagioso, o uso do vinho se disseminou cada vez mais. Na narrativa babilônica do Dilúvio, imaginária, como se pensa, mas necessariamente calcada nos hábitos correntes, para não se tornar ininteligível, o herói do Dilúvio, rei do país, querendo recompensar seus súditos que haviam construído o barco sobre o qual ele devia salvar-se, oferece a eles, ao final, um grande banquete no qual serve-lhes vinho e "cerveja fina". Essa narrativa, em sua forma atual, é do fim do segundo milênio a.C., mas pode remontar a mais alguns séculos: ela traduz, portanto, os costumes do tempo, fazendo do vinho uma bebida (de valor) facilmente oferecida pelo rei àqueles que quer festejar ou recompensar, prática que reen-

NO COMEÇO ERAM OS DEUSES

contraremos em breve, desde o primeiro terço do segundo milênio a.C., nas regiões vizinhas.

O mesmo costume se constata em outra extremidade da história, cerca de 540 a.C., quando Nabonide, rei da Babilônia, se gaba de ter distribuído, igualmente, "pão e carne, cerveja fina e vinho" aos operários que lhe haviam edificado um templo. Talvez não seja o que chamaríamos de uma bebida comum, mas ao menos seu uso generalizou-se, mesmo que seja preciso considerá-lo uma poção preciosa e festiva — um pouco como tratamos o conhaque. Em uma espécie de diretório da "vida devota", que indica (a todos, sem dúvida) o que se deve fazer ou não a cada dia do mês para atrair para si o favor dos deuses, é tido como desaconselhável, em certos dias, beber vinho, o que prova ao menos que, no resto do tempo, qualquer um era livre para bebê-lo.

Essa espécie de "aclimatação" do vinho na Mesopotâmia ainda se revela por outros traços eloquentes, que vão a ponto de acusar um gosto cada vez mais rebuscado e exigente. Assim, o vinho é frequentemente associado a qualificativos relativos a seu sabor, sua força, sua delicadeza, o que supõe um notável refinamento, que, diga-se de passagem, em nada espanta em relação a um país do qual provêm, datadas de aproximadamente 1600 a.C., as mais antigas receitas culinárias de uma surpreendente gastronomia. Distingue-se, pois, o vinho "jovem" do vinho "velho" (não é, de resto, certo que esse último epíteto, diferente de nossa maneira de ver, seja laudatório: pode ser que se trate de vinho envelhecido e passado). Há "vinho de qualidade" (ou seja, "bom", "de bom gosto") e, ao contrário, "ordinário", de segunda — diríamos vinagre. Conhecem-se vinhos "fortes", "doces", ou "muito doces" (aparentemente adicionados de mel, o açúcar da épo-

A MAIS ANTIGA HISTÓRIA DO VINHO

ca) e até mesmo vinho "amargo", por adição provável de ervas e sumos de ervas (talvez a murta?).

Na ordem da cor, que implica evidentemente uma diferença de gosto, há vinho "claro" (branco? rosé?) e "tinto", do qual parece haver ao menos duas variedades (*sâmu* e *sîmu*), com nuanças, "olho de boi", por exemplo. Por outro lado, com o tempo (desde a metade do segundo milênio a.C.), distinguem-se regiões produtoras, e até mesmo algumas pequenas explorações no país: o Amargo de Tupliash, por exemplo. Na maior parte dos casos, os vinhos são importados de diversas regiões do norte, em particular, da sírio-armênia.

A BEBIDA FAVORITA DO REI DE MARI

De fato, se deixarmos de lado a Baixa Mesopotâmia, que até agora nos reteve, e subirmos para o norte, a região do vinho em nossa documentação aumenta. Tomemos a cidade e o reino de Mari, que florescia desde o terceiro milênio a.C., mas cujos arquivos abundantes encontrados (cerca de 15 mil tabuletas) datam apenas dos últimos tempos de sua existência autônoma: entre 1780 e 1750 a.C. Mais próximo dos semitas sírios e, de resto, etapa quase obrigatória daqueles entre eles que cresciam mais para o sul, na direção da Mesopotâmia, ali se haviam mantido, no plano da língua, dos costumes e da religião, vários traços particulares. Mas falava-se, escrevia-se, vivia-se e pensava-se sobre uma base em grande parte francamente babilônica.

É, contudo, impressionante que, diferentemente da Babilônia, sobretudo na mesma época, o vinho seja mencionado com muito mais frequência do que a cerveja e apareça,

NO COMEÇO ERAM OS DEUSES

excetuando-se a água, como a bebida favorita. O rei, o maior proprietário do país, tinha reservas consideráveis em seus armazéns, tão vigiados e trancados quanto os de seus tesouros. Essas reservas eram alimentadas em parte por meio de presentes, mais ou menos obrigatórios, provenientes de outros soberanos, amigos ou aliados, ou de simples particulares, desejosos de atrair para si os favores reais, mas principalmente por meio de compras feitas de comerciantes importadores especializados, semelhantes aos da Baixa Mesopotâmia.

Dessa forma, o vinho parece ter circulado muito na região e em seus arredores. Ele era guardado e transportado, como na Baixa Mesopotâmia, em vasos de terra cozida chamados de *karpatu*, que traduzo por "ânforas", uma vez que a palavra "jarro" me parece remeter a recipientes volumosos demais: a *karpatu* comportava geralmente 10 litros, e essa regularidade de volume levou-a a ser a unidade corrente de medida do vinho. Veem-se esses bidões circularem ora em pequeno número, 1, 2, 4, 5, 10..., ora em quantidades muito mais impressionantes, até 500 ou 600!

Parece que houve, também na região de Mari, algumas explorações vitivinícolas, mas o vinho não devia ser produzido ali em quantidade grande o bastante para satisfazer a demanda. Era então importado principalmente do norte, da região sírio-armênia. Saía sobretudo do grande porto fluvial de Karkemish, descendo o Eufrates. Havia até mesmo toda uma "flotilha do vinho" (*eleppêt karâni*) especializada para esse transporte — e para o de algumas outras mercadorias, em particular o mel, que faziam vir da mesma região, onde parece ter sido objeto de uma produção abundante —, ao passo que em Mari e mais ao sul conhecia-se pouco ou nada de apicultura. Recuperamos um dossiê referente às idas e vin-

A MAIS ANTIGA HISTÓRIA DO VINHO

das dessa flotilha, com as diversas "punções" (*miksu*), de prata ou naturais, que as autoridades, no momento da passagem, realizavam no carregamento, como direito de pedágio ou de aduana. Mantinha-se uma contabilidade minuciosa desse tráfico de vinho; o rei definitivamente o dirigia, mas era a prerrogativa de alguns negociantes especializados, que conhecemos por vezes pelo nome. Um deles, por exemplo, um certo Meptûm, em vista das somas deixadas aos "aduaneiros", teria importado, em um período relativamente curto, 2.300 ânforas de vinho! Outro, Sammêtar, tinha ao mesmo tempo escritórios em Mari e em Terqa, no Eufrates, cerca de 50 quilômetros ao norte.

Nas adegas reais, entradas e saídas de ânforas de vinho eram objeto de minuciosa contabilidade, por meio de recibos e bonificações de saída:

> Em 26 do mês de Kiskissu, recebida uma ânfora de vinho, enviada ao rei pelo governador do distrito de Sagarâtum. Em 20 do mês de (...), recebidas: 28 ânforas de vinho, 10 de mel e 10 de óleo, enviadas pelo rei de Karkemish; assim como 20 ânforas de vinho, 2 de mel e 2 de óleo, enviadas pela senhora Nagatu...

Restam-nos até mesmo registros recapitulativos das entradas e saídas em dado período, com estabelecimento de balanços.

O rei distribuía o vinho — bebida distinta! — assim recebido ou comprado. Enviava aos aliados, como, uma vez, ao famoso Hamurábi, soberano da Babilônia. Oferecia também a seu pessoal, seus soldados, servidores e funcionários. Encontramos, por exemplo, uma tabuleta, infelizmente em mau

NO COMEÇO ERAM OS DEUSES

estado, que contabiliza as ânforas de vinho a que tiveram direito, para consumo próprio, líderes de missões no decorrer de sua visita: eles chegam a uma etapa, recebem uma ânfora e, quando a terminam, recebem outra para a etapa seguinte. É possível, mas apenas possível, que o rei de Mari, à mesa, para as refeições, só tenha bebido cerveja, de um tipo particular (*alappânu*): nesse caso, pode-se pensar em uma espécie de ritual importado da Mesopotâmia (?). Mas devemos acreditar, e outros textos o mostram bem, que, ao menos fora da mesa, pelo prazer, sozinho ou acompanhado, quando recebia estrangeiros ou a própria família, ele usava as reservas de suas adegas: tinha até mesmo suas preferências — assim solicitou uma vez que lhe preparassem "vinho de acordo com seu gosto" (isto é, "sua bebida habitual").

ENÓLOGOS, VINHEIROS E COMERCIANTES

Nas adegas, o vinho era submetido a um certo número de manipulações cujo propósito ou andamento infelizmente nem sempre compreendemos: esvaziamento e limpeza das ânforas, trasfegas, tiragem, seleção. Ele era "separado", misturado com diversos gostos e graus de força: "Uma ânfora de vinho tinto", diz uma espécie de "nota de adega", "foi misturada ao conteúdo de seis outras de vinho diferente — o que deu sete ânforas." Filtravam-se os sedimentos e eliminava-se a borra. É pena que não tenhamos encontrado, como no caso da cerveja, sequer pequenos fragmentos de um "manual do adegueiro", uma vez que havia especialistas, que conhecemos às vezes pelo nome, e em particular por presidir a todas essas

A MAIS ANTIGA HISTÓRIA DO VINHO

manipulações e "testar" o vinho, o qual podia então ser fechado e selado a fim de ser conservado ou expedido.

Estaríamos, portanto, bastante distantes da situação na Baixa Mesopotâmia: a cerveja parece ter cedido terreno ao vinho, que quase a substituiu como bebida alcoólica. A situação é a mesma, na época, um pouco mais acima, cerca de 200 quilômetros ao nordeste, na cidade de Karanâ, também há pouco tempo explorada. O próprio nome é evocativo: "Vinosa"! O vinho desempenhava aí um papel ainda maior. Era consumido pelo rei durante as refeições, e era também uma poção generosa, louvada na ocasião de comemorações festivas, não apenas nas festas litúrgicas, mas em diversas circunstâncias, particularmente nas mais felizes: na recepção de mensageiros, vindos de uma missão bem-sucedida; na audição de "cantores" (menestréis ou aedos) e em outras festividades "noturnas"; ou então, em ofertas de vinho feitas pelo rei, de acordo com sua vontade: "à sua filha", "a uma doméstica", "às cantoras"... Vê-se, de uma escavação a outra, de um lote a outro de arquivos encontrados, que o quadro da importância e do uso do vinho, na antiga Mesopotâmia, vai sendo complementado com novos traços.

"VOU-ME EMBORA ENTÃO FAZER UMA BOA REFEIÇÃO!"

Terminemos pela Assíria, que era vizinha de Karanâ. Essa parte norte do país só conquistou importância e autonomia política a partir da segunda metade do segundo milênio a.C., até sua ruína e seu retorno à dependência da Babilônia em 609 a.C. — pouco menos de mil anos! Em certo sentido, fazia

NO COMEÇO ERAM OS DEUSES

geograficamente parte da zona "sírio-armênia", tão favorável à cultura da videira e à produção vinícola, ainda que as regiões ali preferidas fossem sobretudo as de origem síria. O rei, aí também, tinha grandes reservas e provisões de vinho. Em uma carta, um de seus servidores lhe pergunta o que fazer com os novos fornecimentos: "Há uma quantidade enorme", diz ele, "onde devo colocá-lo?" Em outra carta, um de seus altos funcionários, desolado por ter sabido que seu soberano, em mau estado, perdera o apetite, o encoraja, e deseja a ele que se sinta rapidamente melhor e que reencontre o prazer de comer e beber: "Que ele possa pensar, o mais breve possível: 'Bem! É a festa do início do mês! Vou-me embora então fazer uma boa refeição!'" (literalmente, "comer e beber vinho").

O vinho é igualmente, aí também, uma das matérias preferidas dos presentes ofertados pelo rei àqueles que deseja recompensar ou homenagear. Encontramos amplos fragmentos de uma contabilidade, mantida por volta de 780 a.C., das distribuições regulares de vinho a todos os funcionários e servidores do rei, hierarquicamente classificados e homenageados, cada um deles, com uma quantidade da nobre poção proporcional à sua importância na hierarquia social e administrativa: 1 litro (com muita frequência), 1,5, 5, 10, às vezes 30! Todos são servidos. Por volta de 870 a.C., o rei Ashshur-Nasir-Apal II (883-859 a.C.), depois de ter mandado renovar inteiramente sua capital, Nimrud, conta, em uma estela famosa, como ofereceu, não apenas à sua corte e a seus altos funcionários, mas a todos aqueles que haviam participado das obras, e aos próprios habitantes da cidade, uma refeição pantagruélica, com 69.574 "talheres"; a estela enumera, não o menu (que pena!), mas a lista quantificada dos produtos con-

A MAIS ANTIGA HISTÓRIA DO VINHO

sumidos: a cerveja e o vinho estão no mesmo nível, uma vez que a quantidade é a mesma: cem mil litros de cada — uma gloriosa bebedeira!

É verdade, como podemos ver, que até mesmo no último milênio de sua história, e em seu território setentrional, tomado na grande zona vitivinícola, a Mesopotâmia permaneceu fiel à sua venerável cerveja. Vários séculos após o desaparecimento de sua antiga, alta e milenar civilização, os habitantes do país ainda eram apegados a essa poção, conatural a uma terra feita essencialmente para a cultura em grande escala de cereais.

Com efeito, restam-nos arquivos de uma comunidade judaica instalada, durante vários séculos, na terra outrora ocupada pelos babilônios: não apenas esses documentos acusam claramente o consumo preferencial de cerveja, como neles se encontra, entre outras coisas, a declaração de um rabino Johanan, de acordo com quem, se os habitantes do país (antigos e contemporâneos) sempre haviam sido preservados do que ele chama de "lepra", deviam isso a sua inveterada adaptação à cerveja. Quanto a esse aspecto, ao menos, Júlio, o Africano, não havia errado.

Mesmo que tenha sido levado a regiões mais ao norte, o vinho não conseguiu superar, na Mesopotâmia, uma antiga e obstinada fidelidade à cerveja. Mas ele já era suficientemente forte, atraente e deleitável para conquistar um lugar privilegiado — devido ao qual pudemos ter uma pequena ideia de sua mais antiga história.

QUARTA PARTE O nascimento de Deus

CAPÍTULO I # Deus é mediterrâneo?*

*Este artigo foi publicado na revista *L'Histoire* n° 157, pp. 50-51.

L'HISTOIRE: Deus é mediterrâneo?

JEAN BOTTÉRO: Embora ambos tenham "nascido" em um país à margem do Mediterrâneo, "Deus", a saber, o conceito do Deus único, não é mais mediterrâneo do que o conceito do Ser-enquanto-ser. Cada um mergulha suas raízes em um povo definido, uma civilização particular. As raízes profundas de "Deus" são semíticas, e os semitas antigos não eram propriamente mediterrâneos, uma vez que se espalhavam por todas as partes habitáveis da Península Arábica, e que sua civilização rendeu os frutos mais prodigiosos, ricos e duráveis entre o Tigre e o Eufrates, que se lançam no golfo Pérsico. Sem mencionar que, naqueles tempos, o Mediterrâneo ainda estava longe de servir como *melting pot* cultural e de ver criar-se em torno de si uma espécie de civilização comum.

L'HISTOIRE: Quem inventou Deus?

JEAN BOTTÉRO: Os antigos israelitas, autores da Bíblia. Por seu atavismo semítico, eles se atinham, ao mesmo tempo, a uma profunda religiosidade, que lhes submetia a existência inteira ao mundo sobrenatural, e a um vivo sentimento de transcendência, da inacessível superioridade desse mundo.

L'HISTOIRE: Haveria uma explicação histórica para o nascimento do monoteísmo em Israel?

JEAN BOTTÉRO: Deus podia nascer, entre os israelitas, a partir do momento (por volta de 1280 a.C.) em que o genial Moisés, verdadeiro fundador desse povo como nação, ligou o futuro destino nacional deles não somente à independência, recuperada com a saída do Egito, e ao desígnio de criar para si um território na Palestina, mas também a um pacto de aliança com Javé, uma divindade que seria apenas deles e à qual, para merecer seu apoio irrestrito, deveriam dedicar um apego exclusivo. Isso significava afastar-se de todos os outros deuses, que então pululavam, e demonstrar-Lhe fidelidade antes de tudo, por meio de uma obediência exata ao código moral que Ele lhes havia prescrito. A história dos israelitas compenetrou-se, assim, de sua religiosidade, e sua religiosidade de sua história: foi dessa associação que "Deus nasceu".

Se, instalados em um meio semítico estranho a eles (cananeu) e intensamente atraídos, como se podia esperar, por seus deuses mais "humanos" e carnais, e pelo culto de cerimônias e sacrifícios que lhes eram consagrados, infinitamente mais confortável e mais fascinante que o rigor moral, os israelitas, em sua maioria, esqueceram — de bom grado e com perseverança — as obrigações expressas de sua aliança fundadora com Javé, toda uma elite, entre eles, que Lhe permanecia obstinadamente fiel, não cessou de ver e mostrar ao longo da história, cada vez menos feliz, de seu povo, a mão, a intervenção de Javé, cada vez mais universal e poderosa.

A partir do momento em que, diante das formidáveis invasões e irresistíveis pilhagens dos assírios (desde a metade do século VIII a.C.), compreendeu-se que, para punir seu povo infiel, Javé era capaz de convocar, mover e manipular

DEUS É MEDITERRÂNEO?

à sua vontade a nação e o exército mais consideráveis do mundo conhecido, de que modo evitar que Ele fosse visto não apenas como o deus mais poderoso do mundo, mas como o único: sublime e transcendente a tudo? Foi assim que "Deus nasceu". E o Mediterrâneo não teve muita coisa a fazer...

L'HISTOIRE: Esse Deus único de Israel impôs-se, contudo, no mundo mediterrâneo?

JEAN BOTTÉRO: O monoteísmo poderia ter permanecido o apanágio de Israel, uma vez que após o Grande Exílio (século VI a.C.) na Babilônia, em vez de fazer-se seu apóstolo em todo o mundo, como o convidava um de seus maiores espíritos — aquele que, por conhecermos apenas por sua obra original, incorporada ao livro bíblico de *Isaías*, chamamos de o "Segundo Isaías" —, ele se fechou sobre si mesmo, de uma vez por todas. De fato, tenho a impressão de que na época helenística, após Alexandre, o Grande (morto em 323 a.C.), nesse tempo em que se operou a tão fecunda fusão do pensamento grego com tantas veneráveis descobertas nas culturas antigas do Oriente Médio, o monoteísmo, num plano, digamos, "filosófico", afinou-se bastante bem com um dos resultados mais altos e fecundos da reflexão grega, que desde Platão e Aristóteles tendia a reconhecer nos inúmeros fenômenos infinitamente disparatados do universo, não mais tantas causas distintas quanto efeitos — visão superficial e ingênua —, mas uma causa única e superior a tudo. Semelhante conclusão poderia dar suas cartas de nobreza ao monoteísmo, professado por um povo insignificante e sem glória.

L'HISTOIRE: E como o Deus de Israel se impôs a todos os homens?

JEAN BOTTÉRO: Dizer "a todos os homens" talvez seja um pouco de exagero. Não me parece que tenha conquistado o

NO COMEÇO ERAM OS DEUSES

Extremo Oriente: é notório, por exemplo, que a religião oficial e tradicional do Japão ainda é o xintoísmo, claramente politeísta. Digamos, ao menos no que nos diz respeito, que se o monoteísmo finalmente triunfou, creio que foi sobretudo porque o cristianismo o incluiu em sua mensagem e se fez o defensor de sua causa: ao conquistar em alguns séculos todo o espaço que hoje chamaríamos de "ocidental" ("mediterrâneo" e muito além), ele impôs em toda parte a ideia, metafisicamente inteligente, atraente, luminosa e fecunda, de uma causa única e transcendente: sobrenatural, para o universo inteiro, em suas origens e em seu funcionamento. Tendo surgido quando tal convicção já havia trilhado no mundo um longo caminho, o islã, também radicalmente dependente do monoteísmo bíblico, não acrescentou muita coisa: apenas confirmou e estendeu seu domínio, ao mesmo tempo por suas vitórias e por sua força de afirmação da unidade absoluta de Deus.

Mas penso que é preciso distinguir o "Deus dos filósofos e dos sábios" do "Deus de Abraão, de Isaac e de Jacó", em outros termos, o monoteísmo "filosófico" do monoteísmo religioso. A ideia do Deus único e transcendente propagou-se e impôs-se um pouco em toda parte. No primeiro caso, em virtude de seu valor metafísico, que reduzia tudo o que existe a uma causa única e suprema, e satisfazia, dessa maneira, espíritos exigentes e penetrantes. No segundo caso, como consequência de uma fé profunda e de um apego pessoal e cordial àquele Deus, qualquer que fosse a apresentação particular que dele fizesse cada uma das três grandes religiões monoteístas.

L'HISTOIRE: Surpreende que certas revoluções políticas se façam hoje em nome do Deus único, na bacia mediterrânea e nos arredores?

DEUS É MEDITERRÂNEO?

JEAN BOTTÉRO: Hoje, uma vez que o mundo se "desencanta" cada dia mais, o monoteísmo religioso deveria perder sua força, enquanto para muitos espíritos, na medida em que conservam um mínimo de sentido metafísico e não admitem, puerilmente, que "a física e a biologia bastem para explicar tudo", o monoteísmo "filosófico" manteria seu poder de atração.

No entanto, a despeito da lei da gravidade que afasta cada vez mais os espíritos do "sobrenatural", é fato que, destinadas à miséria e ao infortúnio, em face de uma riqueza insolente e cada vez mais concentrada, vítimas dos excessos e da estupidez de um poder crescentemente egoísta, desesperadas diante de tantas promessas jamais mantidas, populações inteiras parecem se apegar por todos os meios, inclusive a violência, na defesa de seu direito ao monoteísmo religioso e na esperança da qual creem que ele seja portador. Deus não está morto, e talvez não tenha acabado de revolucionar o mundo...

CAPÍTULO II De Abraão a Moisés: o nascimento de Deus*

*Este artigo foi publicado na revista *L'Histoire* n° 212, pp. 8-13.

A História real, o modo como ela verdadeiramente aconteceu, nem sempre coincide com a História contada, sobretudo quando o narrador já tem uma ideia na cabeça.

Ninguém poderia contestar a distância, diametral, entre as duas histórias, ou a possibilidade de remontar desta àquela, hoje que estamos todos amplamente informados, não digo sobre as astúcias, mas sobre os meios e o método geral que, sob o nome de criminalística, policiais e juízes de instrução praticam habitualmente, para encontrar, sob a letra das palavras, a realidade objetiva das coisas. Os historiadores são os policiais e juízes de instrução do passado.

Exceto pelo fato de que tratam apenas com testemunhas desaparecidas, de que não pretendem absolutamente informar a Justiça e de que não têm nada a esperar em suas investigações, a não ser a possibilidade de conhecer a verdade — prerrogativa e dignidade de todo homem normal —, pode-se confiar neles.

O que a Bíblia nos relata *sobre as origens e os primeiros tempos do povo de Israel* nos fornece uma eloquente ilustração do choque entre essas duas Histórias. Em primeiro lugar, como ela conta o nascimento e os primeiros passos de Israel? Em grandes pinceladas, sigamos esse relato, concentrado principalmente em seus dois primeiros livros, o *Gênesis* e o *Êxodo*.

NO COMEÇO ERAM OS DEUSES

Apenas dois protagonistas se encontram em cena: *o povo de Israel*, por vezes em sua multidão anônima, mais frequentemente na pessoa de seus líderes, sobretudo os mais eminentes: Abraão, depois Moisés; e *Deus* — pois a Bíblia é uma obra acima de tudo religiosa, e só se interessa realmente, no fundo, por esse lado sobrenatural das coisas.

"SAIA DE SUA TERRA E DA CASA DE SEU PAI"*

Deus, que aí tem o nome de *Javé* (voltaremos a isso), é um personagem único e transcendente: a Bíblia defende com zelo em toda parte o monoteísmo absoluto. Por outro lado, se Javé intervém — percebemos isso rapidamente, pois O encontramos em cada inflexão do relato —, é porque existem, d'Ele com Israel e de Israel com Ele, laços particulares, inexistentes com qualquer outro grupo de homens: Criador, Organizador e Animador de tudo no Universo, a começar pelo próprio Universo, Ele Se ocupa com uma diligência particular, e quase exclusiva, do povo de Israel; repete-se isso em todos os tons: é o povo d'Ele, Sua propriedade privada de certo modo.

E um dos propósitos essenciais da Bíblia, em seus primeiros relatos, é expor e explicar como as coisas aconteceram, desde "o Princípio".

São os onze primeiros capítulos do *Gênesis* que tomam assim os acontecimentos a partir do princípio absoluto: como

---

*Para as citações da Bíblia, cf. Bíblia Sagrada — Edição Pastoral, São Paulo, Ed. Paulus, 1990. Disponível em http://www.paulus.com.br/BP/_INDEX.HTM. (*N.T.*)

DE ABRAÃO A MOISÉS: O NASCIMENTO DE DEUS

que para traçar, antes de tudo, o quadro geral cujo primeiro plano será ocupado pelo "povo eleito".

Deus primeiro criou o mundo e os homens, mas como Suas exigências são acima de tudo morais, os homens rapidamente O decepcionaram pela má conduta. Ele decide então "apagar tudo para recomeçar", se posso dizer assim, eliminando-os por meio do Dilúvio, à exceção de um espécime escolhido, do qual pensa tirar, dessa vez, uma descendência mais adequada do Seu ponto de vista. Mais uma vez Ele se desiludirá — os autores da Bíblia têm uma triste ideia dos homens! Assim, quando a nova humanidade se corrompe a ponto de propor-se, por meio da gigante torre de Babel, a escalar o céu, como que para violar Sua residência, Ele toma, por fim, a decisão de reduzir Sua escolha e de preparar para Si, em meio a essa humanidade, *um* povo apenas, mas inteiramente à parte, que, "eleito" por Ele, Lhe será reservado, respondendo, para sempre, à Sua expectativa, e sendo-Lhe devotado por completo. Esse "povo de Deus" será Israel.

Javé volta, pois, seu olhar para a descendência de Sem, o primogênito do sobrevivente do Dilúvio, Noé: é dessa cepa que Ele fará nascer Abraão, o Fundador, o Ancestral e o Pai do futuro "povo eleito". Esse povo não passaria, inicialmente, de um punhado de indivíduos, uma família, um clã, daqueles seminômades, pastores erráticos, dos quais uma boa imagem aproximativa, atualmente, nos seria fornecida pelos beduínos do Oriente Médio — ao menos o que ainda resta deles.

Para essas pessoas, é sempre considerável a autoridade do Primeiro, do Ancestral, do Fundador, mesmo depois de sua morte. Entre os descendentes de Abraão, que conservam a lista exata na memória, completa e ordenada, de seus an-

NO COMEÇO ERAM OS DEUSES

cestrais, remontando até ele, "Pai e Herói, que dá a vida e recebe as honras", ele será incessantemente citado, referido, celebrado com um verdadeiro culto.

Assim, os doze capítulos do *Gênesis* (XII-XXIV) que se seguem ao momento em que seu nome aparece pela primeira vez, giram em torno de Abraão, Ancestral e Criador do futuro "povo eleito" que Deus prepara para Si. Para executar Seu desígnio, Ele toma de repente as coisas em mãos.

Parte então para buscar Seu homem bem longe, no final da Mesopotâmia, em seu local de nascimento, a célebre cidade de Ur. O que não tem nada de inverossímil: a partir do fim do terceiro milênio a.C. — se não temos o menor indício para "datar" esses acontecimentos, há alguma verossimilhança de que tenham girado em torno da primeira metade do segundo milênio antes de nossa era —, as grandes cidades mesopotâmicas se viram frequentemente cercadas, fora dos muros, por tendas e acampamentos de pastores seminômades, que tinham vindo refugiar-se ou instalar-se naquele país planturoso, entre o Tigre e o Eufrates. Todos haviam chegado do Nordeste, das franjas setentrionais do grande deserto sírio-árabe, concentração tradicional, desde antes da História, de toda uma população semítica de pastores, cujos laços com a Mesopotâmia eram estabelecidos pelo curso do Eufrates, seguindo a jusante ou a montante.

Logo que os dois personagens-chave da história aqui contada aparecem juntos, salta aos olhos que o encontro entre Abraão e Javé tenha sido decidido por este em função do grande desígnio que havia concebido, e cuja realização, que se daria por etapas, estava em tempo de ser deflagrada.

Deus se dirige então a Abraão:

240

DE ABRAÃO A MOISÉS: O NASCIMENTO DE DEUS

> Saia de sua terra, do meio de seus parentes e da casa de seu pai, e vá para a terra que eu lhe mostrarei./ Eu farei de você um grande povo, e o abençoarei; tornarei famoso o seu nome, de modo que se torne uma bênção./ Abençoarei os que abençoarem você e amaldiçoarei aqueles que o amaldiçoarem. (*Gênesis* XII, 1-3)

Em outros termos, é desse reles beduíno perdido no fundo do Oriente Médio que Deus quer tirar Seu povo. Ele não quer criá-lo e colocá-lo em qualquer lugar, mas na outra extremidade do país, em uma terra por Ele escolhida, e à qual Ele aparentemente se apega tanto quanto ao próprio povo. É, portanto, para lá que Ele dirige inicialmente Abraão. Este obedece sem fazer perguntas: não se discute com Deus.

> Abraão partiu conforme lhe dissera Javé (...)/ Abraão levou consigo sua mulher Sara, (...) todos os bens que possuíam e os escravos que haviam adquirido em Harã. Partiram para a terra de Canaã (esse é o nome que se dava então à Palestina), e aí chegaram. (*Gênesis* XII, 4-5)

A primeira parada deles foi em Siquém (não longe da futura Samaria). E ali Javé explicou a Abraão que ele estava no final de sua longa caminhada. Concede-lhe então aqueles territórios em volta para que fizesse com que ali nascesse e se desenvolvesse seu povo, para sempre:

> Erga os olhos, e aí, do lugar onde você está, olhe para o norte e para o sul, para o oriente e para o ocidente./ Eu darei toda a terra que você está vendo, a

você e à sua descendência, para sempre./ Tornarei a
sua descendência como a poeira da terra: quem puder
contar os grãos de poeira da terra, poderá contar seus
descendentes. (*Gênesis* XIII, 14-16)

E, como que para comprometer-se solenemente e garantir assim a Abraão a terra e a posteridade prometidas, Javé recorre a um procedimento então comum e em toda parte praticado no antigo Oriente Médio: o que era chamado de "Aliança" (XV), cerimônia que supostamente ligava de maneira estreita e duradoura pessoas e destinos de dois contratantes.

Constantemente, conforme o esperado, Abraão se comporta como perfeito fiel e devoto de Javé, e apenas Dele: como perfeito monoteísta. Em tudo o que nos é relatado sobre ele e, depois, sobre seus filhos, jamais se invocam aqueles "deuses estrangeiros", não há o menor vestígio do politeísmo que governava em toda parte os espíritos e corações. Apenas com Ele Abraão dialoga, ouvindo-O e respondendo-Lhe, com uma obediência sem reserva, que qualificaremos até mesmo de "louca", uma vez que estará pronto para sacrificar-Lhe seu mais precioso bem, seu "primeiro" filho! É apenas a Javé que ele consagra um culto, erigindo-Lhe, aqui e ali, altares para oferecer-Lhe sacrifícios... Em compensação, Javé não cessa de reiterar Sua solene promessa territorial e política: é dele, no país em que evolui e que desde então lhe pertence, que nascerá o "povo eleito".

No relato detalhado que nos é feito de sua vida e da vida de seus filhos, esse culto e essas promessas constituem o centro e a base, em meio a uma quantidade de anedotas manifestamente extraídas de um longo e copioso folclore.

DE ABRAÃO A MOISÉS: O NASCIMENTO DE DEUS

Os dados mais decisivos, nessa obstinada perspectiva de construção e crescimento do "povo eleito", estão naturalmente reservados aos filhos de Abraão, que durante muito tempo foram esperados dele em vão, e que Javé lhe concede, afinal, quando ele já estava em "idade avançada". O primeiro, Ismael, nasceu de uma escrava, que Sara, sua esposa, lhe havia "dado" — em virtude de uma prática então aceita e bastante conhecida no Oriente Médio (e que figura até mesmo, aproximadamente em 1750 a.C., no "Código" de Hamurábi) — para "substituí-la na maternidade", se assim podemos dizer. Mas Ismael, de certa maneira "lateralmente" nascido, jamais contará na progenitura legítima de seu pai: ele partirá para o deserto, para ali fundar certo número de tribos "beduínas", que jamais farão parte do "povo eleito".

Quando a esposa de Abraão, Sara, lhe dá enfim um "filho autêntico", Isaac, sua linhagem é assegurada, e o povo escolhido começa a existir... O próprio Jacó, filho e sucessor de Isaac, trará à luz os doze filhos que, em Israel, desde então lançado à existência, estarão, cada um, à frente de um clã, de uma "tribo", como se dizia, cuja reunião devia compor o "povo eleito" em sua plenitude.

O POVO ELEITO E A TERRA PROMETIDA

Quando Sara morre, e depois Abraão, e são enterrados em Hebron, no túmulo que ele havia adquirido, o grande desígnio de Deus, concebido "desde o Princípio", e por longas etapas, encontra-se inteiramente realizado, e Seu povo, Israel, lançado. Sempre nômade e em movimento, com seus rebanhos, ao sabor das pastagens, em toda a extensão do território

NO COMEÇO ERAM OS DEUSES

que "lhe pertence", no quadro político tribal que assegura desde então sua coesão, resta-lhe enfrentar a História, para assumir e manter o lugar que lhe será atribuído por seu Deus.

No final do *Gênesis* e no início do *Êxodo*, a situação dos israelitas inicialmente se degradou. Coagidos por fomes episódicas, os mais expostos entre eles a essas calamidades tiveram que se refugiar e até mesmo se instalar duradouramente no Egito, na região do Delta, mais ao seu alcance. Inicialmente bem acolhidos (como relatam nossas fontes bíblicas, as únicas disponíveis), sua vida de metecos tornou-se difícil quando os autóctones começaram a maltratá-los e a tomá-los como escravos.

É então que vai abrir-se, na história do "povo eleito", em sua "terra prometida", um grande capítulo inesperado que mudará muitas coisas, ainda que nossas fontes, limitando-se à narração, não o clareiem tanto quanto esperaríamos, talvez por estarmos, em função do recuo, mais conscientes do que elas da importância única dos acontecimentos. Como acima, na falta de documentos necessários, ainda somos incapazes de datá-los com suficiente precisão: estimaríamos que se situam no máximo no início do século XIII a.C.

Entre os israelitas assim perseguidos, e ainda mais nostálgicos "de seu país" e de seus irmãos, surgirá um homem cuja obra e influência superarão em altura, em profundidade e em inovação as de seus ancestrais. Abraão havia fundado apenas um povo; esse homem irá criar todo um mundo: um sistema religioso que, pouco a pouco, conquistará o Ocidente, senão a Terra inteira.

Moisés, pois esse é seu nome, nascido no Egito, parece rapidamente ter-se erguido contra a opressão de seu povo. Ele teve até mesmo que fugir por algum tempo para o país

DE ABRAÃO A MOISÉS: O NASCIMENTO DE DEUS

de Madian, na outra extremidade da Península do Sinai, do lado de Eilat. Em seu retorno, como se houvesse, nesse meio-tempo, meditado profundamente e construído para si todo um sistema, ele vai propô-lo a seus congêneres, apresentando-se como enviado de seu Deus e — aliás é o caso de todos os grandes inovadores religiosos — convencido de sê-lo.

Inseparável e entrelaçado, trata-se de um duplo projeto cujos detalhes nos são dados, aqui e ali, no livro do *Êxodo*, e a realização nos seguintes: o *Levítico*, o livro dos *Números*, o *Deuteronômio* e, enfim, *Josué*...

No plano político, Moisés, com a ajuda de seu Deus, quer libertar seu povo de uma vida miserável: "Por isso, desci para libertá-lo do poder dos egípcios e para fazê-lo subir desta terra para uma terra fértil e espaçosa, terra onde correm leite e mel" (*Êxodo* III, 7) — terra que, por nostalgia, ele vê como faustuosamente opulenta...

Mas, sobretudo, pretende inculcar-lhe sua própria visão, inteiramente nova e imprevista, do Deus dele: "O Senhor Deus de vossos pais, o Deus de Abraão, o Deus de Isaac, e o Deus de Jacó", em nome de quem ele fala, e que, "não tendo esquecido Seu povo", quer agora reuni-lo em sua "terra prometida": pois é somente aí, livre e independente, ocupando o terreno que lhe fora atribuído desde Abraão, que ele será verdadeiramente, entre os outros povos da terra, o "povo de Javé".

"NÃO TENHA OUTROS DEUSES ALÉM DE MIM"

Para dar uma visão de conjunto do pensamento religioso de Moisés, cujos detalhes estão dispersos ao longo do texto do *Êxodo*, é preciso primeiramente ressaltar que ele sempre se proclama firmemente apegado ao "Deus dos Pais". É a Ele, e apenas a Ele, que Israel deve permanecer fiel, repelindo todos os outros: "Não tenha outros deuses além de mim. [...] porque eu, Javé seu Deus, sou um Deus ciumento..."(*Êxodo* XX, 3-4). Moisés rejeitava absolutamente, portanto, aquele *politeísmo* que animava todas as religiões então conhecidas, no Oriente Médio e em toda parte. Só deixava ao seu povo a escolha do *"henoteísmo"*, como dizem os historiadores das religiões: isto é, sem negar a existência dos outros deuses, o desinteresse em relação a eles e o apego exclusivo a um único.

Observemos, que, em poucos séculos, sob a pressão dos acontecimentos da história de Israel e de sua reflexão aprofundada, do henoteísmo assim proposto por Moisés surgirá o monoteísmo absoluto, segundo o qual só existe absolutamente *um* Deus, e os outros não passam de fantasmas.

Moisés não rejeitava com menos força essa outra base das religiões de então que era o *antropomorfismo*. Os deuses dos outros, os mais poderosos, os mais imponentes, os mais magníficos, tinham todos figura humana. Seus fiéis os haviam imaginado e construído a partir de si próprios, e as imagens e estátuas que faziam deles só podiam acusar essa semelhança. Moisés não entendia que se pudesse ver e tratar assim o "Deus dos Pais":

> Não tenha outros deuses além de mim./ Não faça para você ídolos, nenhuma representação daquilo que existe no céu e na terra, ou nas águas que estão debaixo da terra./ Não se prostre diante desses deuses, nem sirva a eles... (*Êxodo* XX, 4-5)

DE ABRAÃO A MOISÉS: O NASCIMENTO DE DEUS

Não havia imagens próprias para figurar e conhecer o "Deus dos Pais": mas unicamente um nome, *Javé*, e apenas desse nome era possível tirar a ideia que se devia fazer d'Ele. Era, naquele tempo, uma evidência comum que o nome deixasse entrever a natureza da coisa nomeada: por meio de uma dessas "etimologias populares" e ingênuas, com que se pensava poder aprender bastante e que eram consideradas apodícticas, em virtude do princípio, universalmente aceito, de que toda assonância tinha sentido, Moisés identificava o nome de Javé com a forma verbal da terceira pessoa do masculino singular do termo corrente que designava o "ser", a "existência". "Javé" significava, portanto — traduzindo ao mesmo tempo tudo o que se podia saber e tudo o que bastava saber d'Ele —, "*Ele é*", em outros termos "Ele é real", mas também, "Ele está aí", "Ele está presente" e, dessa forma, pronto para intervir e socorrer suas ovelhas.

Não havia mais nada a saber, e não se podia, realmente, saber mais nada! Mas isso já não bastava para fundar o laço indivisível e profundo pelo qual se era fiel a Ele, pelo qual Ele era sentido e demonstrado como o próprio Deus de cada um? Ele ocultava zelosamente sua própria natureza, reduzindo-a, como fazia Seu nome, à "existência": "Eu sou aquele que sou!" (*Êxodo* III, 14).

Não apenas os devotos de Javé, aqueles que compunham seu povo, deviam afastar d'Ele toda imagem — que seria sempre enganosa, rebaixando-O ao nível dos outros deuses, figurados com base no modelo humano — como também, logicamente, Moisés excluía que Lhe devotassem um culto semelhante ao deles: antropomórfico e nada vendo além do fornecimento de presentes, oferendas, alimentos e "sacrifícios", cada um mais faustuoso do que o outro — como se

NO COMEÇO ERAM OS DEUSES

fazia aos grandes desse mundo! O que Javé exigia não eram aquelas riquezas ostentatórias e inúteis, com as quais não tinha o que fazer: Ele exigia para Seu culto apenas a obediência integral à Sua vontade, essencialmente "moral": acima de tudo preocupada em assegurar a seus fiéis uma vida e uma conduta probas e retas, na justiça e na concórdia.

Dá testemunho disso o que chamamos de "Decálogo", que Deus em pessoa, conta a Bíblia (*Êxodo* XXIV, 12), havia escrito em "tabuletas de pedra": o detalhe das obrigações essenciais que ligavam Israel a seu Deus, cláusulas de uma Aliança reiterada e definitiva, solenemente celebrada (*Êxodo* XXIV):

> Honre seu pai e sua mãe... Não mate. Não cometa adultério. Não roube. Não apresente testemunho falso contra o seu próximo. Não cobice a casa do seu próximo; nem a mulher do próximo, nem o escravo, nem a escrava, nem o boi, nem o jumento... (*Êxodo* XX, 12-17)

Essa "Lei", imposta por Deus e voluntariamente aceita por Seus fiéis no momento da Aliança, selava entre eles um laço e um acordo definitivos ao mesmo tempo que fundava a religião dos israelitas: por isso, sobretudo, eles se haviam tornado, desde então, o "povo de Javé". Enquanto respeitassem seus compromissos, Ele os apoiaria, prestaria socorro, os ajudaria eficazmente — Ele não era "todo-poderoso"? — em todos os seus projetos, a começar pelo retorno à sua casa, à sua "terra prometida", e depois em sua transformação progressiva em um verdadeiro "povo", com seu território, independência, orgulho, multidão e instituições: aquele povo, em suma, que Deus havia concebido, desejado e preparado para Si "desde o Princípio".

DE ABRAÃO A MOISÉS: O NASCIMENTO DE DEUS

Foi de fato Moisés, e apenas ele, quem concluiu esse empreendimento de fôlego inaugurado por Abraão e quem realmente pôs em marcha, com sua religião particular, apartada de todas as outras, o "povo eleito" rumo à sua "terra prometida". E foi ele o primeiro a imaginar e construir seu sistema religioso, tão inesperado e novo, diametralmente afastado de todos os outros então em vigor. Não aceitou um Mundo criado e governado por um punhado de super-homens, mais gloriosos, certamente, na imaginação de seus devotos, mais poderosos e inteligentes do que nós, até mesmo imortais, porém, afinal de contas, à nossa medida, somente um pouco mais alongada... E introduziu na religiosidade o sentido profundo do Mistério e da Transcendência "absoluta", até então totalmente desconhecidos. Enfim, ele queria um Deus cujo papel essencial fosse impor aqui embaixo a honestidade, a retidão, a igualdade, a justiça, a concórdia.

Foi um dos maiores gênios religiosos que um dia viveram e ensinaram. Confesso, falando apenas por mim e como historiador das religiões, que se o venerável Abraão me enternece — sabem-se, aliás, dele poucas coisas, e tão envolvidas em uma impenetrável bruma folclórica! —, ele não consegue me fazer vibrar: vejo-o apenas como o primeiro de uma longa, ampla e rica linhagem. Mas conheço outros nesse papel! E como não tem o senso de sua "paternidade", como teria um beduíno, um semita, inseparáveis de sua genealogia, ele me toca pouco. Moisés, em compensação, me empolga por sua personalidade gigante e sobre-humana, como quando, tendo entrado ao acaso na igreja de São Pedro Acorrentado, em Roma, encontrei-me subitamente fulminado por sua prodigiosa estátua feita por Michelangelo!

O que teria sido da descendência de Abraão, se Moisés não houvesse intervindo?

Resta um pequeno problema que deve ter intrigado o leitor. É indiscutível que o nome de Javé e, consequentemente, a própria ideia de Deus, que Moisés dele retirou e difundiu — a Bíblia, lida ingenuamente, mostra muito bem isso — são a descoberta própria desse grande homem. Sem que saibamos exatamente quando e como, onde e em que circunstâncias ele a fez: é esse o seu mistério pessoal... pois Javé, como tal, nos é desconhecido no Oriente Médio antigo. Há, desde os primórdios do segundo milênio a.C., ao redor da Mesopotâmia, especialmente, um deus Ia, ou Iahou — ou talvez também Ea; mas não há nenhuma peça em nosso dossiê que nos autorize, por enquanto, a ligá-lo a Javé.

QUEM ERA O "DEUS DOS PAIS"?

Se foi mesmo Moisés quem "descobriu" Javé — e se ele refletiu o bastante sobre esse nome para tirar dele o extraordinário aprofundamento religioso pelo qual, com provas, o estimamos responsável —, como é possível que, "revelado" somente nos primeiros capítulos do *Êxodo*, esse mesmo nome figure explicitamente, nós o lemos, mais um pouco em toda parte no texto anterior do *Gênesis*, "desde o Princípio"?

É preciso, pois, crer que ele foi introduzido ali *a posteriori*. Dito de outra maneira, que a história de Israel, ao menos quanto a esse ponto, não se desenrolou tal como contada na Bíblia, mas que em dado momento, alguém — nunca sabere-

DE ABRAÃO A MOISÉS: O NASCIMENTO DE DEUS

mos quem ou quando — nela interveio para modificar alguma coisa, e certamente com uma ideia na cabeça.

Ele terá concebido, e terá apresentado o período antigo da História de Israel, anterior a Moisés, como se houvesse ocorrido depois dele, e como se a identidade do "Deus dos Pais" e de Javé fosse conhecida desde sempre — se isso é verdade, torna a narrativa do *Êxodo* totalmente controversa, e não poderemos mais aceitá-la sem discussão.

De resto, uma vez que estamos nas interrogações, quem era então esse "Deus dos Pais"? Contrariamente ao uso universal, no Oriente Médio antigo, ele só é nomeado por seus fiéis, digamos, por sua "função", nunca por seu nome: ao passo que todos os deuses, como os homens, tinham cada um o seu nome, regularmente utilizado quando se tratava de um deles. Javé seria desde então para ele um nome e, portanto, um programa novo; mas seu nome anterior jamais nos é revelado, o que é bastante suspeito. É preciso apresentar a questão ainda com mais franqueza: qual era, em suma, a religião dos "Pais" de Abraão e de seus sucessores, até a vitória do "projeto" de Moisés?

Uma vez que, antes deste último e de seu ensino, não se podia ser "henoteísta", e que o monoteísmo ainda estava distante, eles tinham que ser politeístas como todos os seus contemporâneos, semitas ou não, dos quais temos alguma noção nessa época. E é exatamente dessa forma, na verdade, que é mais verossímil e correto imaginá-los, antes de sua "conversão" a Javé.

O "Deus dos Pais", no singular, tem valor coletivo, e cobre, ao final das contas, o *panteão* dos israelitas antes de sua entrada na religião de Moisés. Os antigos semitas, sabemos bem disso, nunca procuraram, em seu politeísmo, a multidão

NO COMEÇO ERAM OS DEUSES

dos deuses: na Mesopotâmia, para fazer com que a aceitassem, foi preciso nada menos do que a poderosa influência suméria: cerca de mil, se não um pouco mais, dos deuses da religião deles têm um nome sumério! O "Deus dos Pais" era então apenas a designação coletiva dos deuses, em quantidade provavelmente bastante modesta, adorados pelos primeiros israelitas. Não temos muitos detalhes em relação a eles, mas poderíamos hipoteticamente afirmar seus nomes com verossimilhança, na medida em que sabemos que eram mais ou menos comuns a todos os antigos semitas.

Somos, portanto, forçados a supor que os primeiros israelitas — antes da chegada de Moisés, a começar, naturalmente, pelo Pai deles, Abraão em pessoa — eram politeístas e compartilhavam uma religiosidade comum com os outros semitas e não semitas do Oriente Médio, e que, se eles mudaram de religião, abandonando todo um panteão de divindades antropomórficas por uma única, que absolutamente não o era, e apenas por Javé, foi pela intervenção de Moisés.

E permaneceram fiéis a Ele, ao menos como povo, quando voltaram para perto dos seus, para o seu "país", que eles haviam deixado para "descer" ao Egito, onde se viram confinados; e quando se transformaram, com o passar dos anos e dos séculos, em um *povo* organizado, autônomo, em um reino, mais tarde cindido em dois, continuaram a sentir-se diferentes de todos os outros homens, pela proteção singular de seu Deus e sua mútua Aliança, da qual sempre fizeram, e o fazem até hoje, sua altivez e orgulho: um povo à parte de todos!

UM ATO DE FÉ E UM BELO SONHO

Nessas condições, era quase inevitável que, em sua imaginação, eles vissem, naquilo em que se haviam transformado, não apenas o efeito da proteção e da ajuda de Javé através de toda a sua história, como também — considerada a excepcional altitude de seu Deus, a profundidade de Seus pontos de vista, Sua autoridade soberana — que esse mesmo Javé não poderia não ter previsto, desejado e decidido tudo o que havia sido realizado. É por isso que postularam, de saída, a promessa divina de uma terra, de uma posteridade, de um futuro.

É aí que reside todo o sentido da história antiga de Israel, que transparece na Bíblia se a lermos ao mesmo tempo com o próprio espírito no qual foi escrita — um espírito exclusivamente religioso e pio — e com a preocupação, "policial", de reencontrar, nas entrelinhas da narração, a realidade do passado verdadeiro. Os autores da Bíblia não eram historiadores, preocupados primeiramente com a objetividade escrupulosa de seu relato, mas crentes, devotos, orgulhosos de seu excepcional privilégio de fiéis do Deus único e universal.

Se tivermos um pequeno senso da história, que nos permita acima de tudo ouvir o que nos é contado como se estivéssemos na pele dos narradores, não será muito difícil compreender e admitir que a "terra prometida" e o "povo eleito" não foram uma invenção, mas um ato de fé: não um desejo de enganar, mas apenas de compartilhar um belo sonho.

CAPÍTULO III **Deus e o mal: da Mesopotâmia à Bíblia***

*Este artigo foi publicado na revista *L'Histoire* n° 203, pp. 56-65.

O "mal" que aqui constitui "problema" não é o que chamamos de "mal moral": o "vício", a imoralidade, a maldade, a perversidade, ainda que sejam, aos olhos dos cristãos, os mais deploráveis; é o infortúnio, o sofrimento, físico ou moral, a impossibilidade de obter ou de conservar o que se ama ou de se livrar do que se detesta. O animal atingido não tem outro recurso a não ser a paciência. Mas o homem, quando está infeliz, não pode impedir a si mesmo de se fazer perguntas, sobretudo a mais importante delas: *Por quê?*

No plano utilitário, uma curiosidade como essa é legitimada pela busca de um remédio: se tenho um severo ataque de dor ciática, tomo um comprimido e a dor se atenua, ou desaparece. Mas, de acordo com a gravidade do mal, é no plano religioso que esse "por quê?" se impõe com mais força, insistência ou angústia. A partir do momento em que é possível remeter tudo o que se passa aqui embaixo a uma causa sobrenatural, ao mesmo tempo inteligente e onipotente; a partir do momento em que se pensa ter diante de si, mesmo invisível, um interlocutor responsável ao qual se pode perguntar "por quê?", ainda que ele não responda, que não responda nunca, e deixe ao interrogador a preocu-

NO COMEÇO ERAM OS DEUSES

pação de encontrar a resposta — eis o verdadeiro "problema do mal", aquele em que penso aqui: o mais pesado, assustador, intolerável, a ponto de poder atingir com um golpe mortal a fé na existência do Interlocutor sobrenatural em questão. Quem não se recorda do grande monólogo de Ivan Karamazov, diante do insuportável sofrimento dos filhos?: "Não me recuso a admitir Deus, apenas lhe devolvo respeitosamente meu bilhete!"

Mesmo que se venha a detectar a causa imediata do mal de que se sofre e que se consiga encontrar um remédio para ele, resta sempre a questão, aquela que torna o problema verdadeiramente lancinante e intolerável: por que eu? Por que este mal se abateu sobre mim, aqui e hoje? Por que a causa universal de tudo, aquela que dirige o mundo e sem a qual nada pode ser feito aqui embaixo, por que ela fez com que esse infortúnio me atingisse, justo a mim?

Um problema como esse já assombrou outros, antes de nós. E em particular, para permanecer na linha de nosso pensamento religioso, aos nossos ancestrais de Israel, os autores da Bíblia. Sem falar das frequentes alusões dispersas que nela encontramos, sobretudo em um de seus livros, o de *Jó*, que se consagrou expressamente a ele.

Mas se a Bíblia trouxe ao mundo uma revolução, uma considerável transformação religiosa, ela não é, nesse domínio, um princípio absoluto: em história, a grande lei é a de que "Há sempre alguma coisa antes!". Quando, em 1872, descobriu-se pela primeira vez um documento mesopotâmico que trazia um relato do Dilúvio inteiramente comparável ao dela, palavra por palavra, detalhe por detalhe, e, contudo, anterior a ela, começou-se a imaginar que devia haver algo a

DEUS E O MAL: DA MESOPOTÂMIA À BÍBLIA

aprender sobre o "pré-Bíblia", sobre as fontes da Bíblia, naquele país, cujos arquivos exumamos sob a forma de meio milhão de documentos, legíveis e inteligíveis — entre os quais um grande número recobre os problemas e os próprios textos da Bíblia, tais como, entre outras, as questões da origem do mundo e da mais antiga história do homem desde seu aparecimento. Ocorre, justamente, que nessa massa de documentos figuram também alguns dedicados ao problema que nos é colocado pela existência do mal.

SUMÉRIOS, ACÁDIOS, ARAMAICOS

Deveria haver algum interesse em conhecê-los, não por eles próprios, talvez, mas pelo fato de mostrarem que se a mesma questão cardeal trabalhou o espírito dos antigos mesopotâmios de um lado, e, de outro, o dos autores da Bíblia, estes a resolveram de maneira completamente diferente. Talvez essa diferença permita compreender que se os israelitas de fato receberam muito dos mesopotâmios antigos, sua visão religiosa era radicalmente distante demais para que se pudesse dizer, como não se deixou de fazê-lo, às vezes ingenuamente, que "a Bíblia nasceu na Mesopotâmia".

Em primeiro lugar, é indispensável situar essa Mesopotâmia famosa e ainda tão pouco conhecida fora do círculo imperceptível de seus especialistas, e sobretudo seu sistema religioso, em cujo interior se colocava o problema que nos ocupa.

Mesmo que os antigos habitantes deste país (mais ou menos recoberto pelo Iraque contemporâneo, e cuja história podemos acompanhar desde o fim do quarto milênio a.C.)

NO COMEÇO ERAM OS DEUSES

tenham recebido muito de uma população provavelmente imigrante — da qual conhecemos a língua e muitos escritos, mas nada além disso — os *sumérios*, esses desapareceram de maneira relativamente rápida, desde o fim do terceiro milênio a.C., no máximo, não deixando ali mais do que aqueles que haviam inicialmente aculturado e que chamamos *acádios*, em outros termos: semitas.

A civilização e a religião, na Mesopotâmia antiga, eram, portanto, a despeito da contribuição suméria, profundamente semíticas: pertenciam àquela grande e venerável família linguística e cultural que devia, sucessivamente, a partir do fim do terceiro milênio a.C., dar origem aos "acádios", aos que chamamos de "cananeus", depois aos aramaicos e, mais tarde, aos árabes. Os velhos mesopotâmios, por suas raízes semíticas, compartilhavam, pois, um certo número de tradições e traços de mentalidade com os semitas ulteriores e, entre eles, os hebreus, autores da Bíblia, e provenientes do ramo "cananeu". Esse parentesco é capital: ele explica muitas das convicções e reações comuns que assinalaremos entre mesopotâmios e israelitas.

No plano religioso, os mesopotâmios eram decididamente politeístas e antropomorfistas. Isto é, haviam imaginado, bem acima do mundo — para governá-lo e desempenhar nele o papel de causa primeira universal —, toda uma sociedade de seres sobrenaturais: deuses, que representavam a própria imagem, magnificada e embelezada, muito mais poderosos e inteligentes do que eles, e subtraídos à morte. Eles haviam tomado aqui embaixo, como modelo para esses deuses imaginados, não as "pessoas comuns", insuficientemente reluzentes, mas as mais notáveis, a alta classe dos

DEUS E O MAL: DA MESOPOTÂMIA À BÍBLIA

governantes — o rei, sua família e sua corte de altos e não tão altos funcionários.

E como os semitas, em geral, sempre partilharam uma viva e poderosa convicção sobre a ingerência universal dos deuses na marcha do mundo e dos homens, estava-se persuadido, na Mesopotâmia, de que esses mesmos deuses desempenhavam em relação a nós — de maneira mais grandiosa, naturalmente! — o papel do rei para com seu povo, cujo comportamento ele regulava por meio de decisões coercivas. Portanto, tudo o que, positiva ou negativamente, comandava a conduta dos homens, em todos os domínios da vida — o direito, o ritual, a moral, e até as rotinas folclóricas, irracionais, mas que nos sentimos na obrigação de seguir —, supostamente emanava da vontade diretiva e "legislativa" dos deuses. E da mesma forma que o príncipe castiga toda desobediência às suas ordens, os deuses puniam as infrações aos seus comandos: pois tratava-se de revoltas intoleráveis contra sua autoridade, de *menosprezo* de sua vontade; em uma palavra, de pecados. Essa noção de pecado, ligada de perto, aparentemente, às representações tradicionais dos semitas, já tinha amplo espaço na consciência dos mesopotâmios, como mais tarde na Bíblia.

UMA SANÇÃO DE NOSSAS FALTAS

Foi por meio do apelo a essa noção que primeiramente se tentou, nesse país, responder ao "porquê" do infortúnio: sempre em virtude da mesma analogia. Se infrinjo uma ordem

NO COMEÇO ERAM OS DEUSES

do rei, ele pode dar a seus representantes a missão de me infligir um castigo. Da mesma maneira, se cometi um pecado, os deuses têm boas razões para me punir. Essa era a primeira explicação que os antigos mesopotâmios davam para o infortúnio. Todos os males que nos acontecem eram, aos olhos deles, sanções de nossas faltas, justamente decretadas pelos deuses e executadas por seus "agentes", que haviam sido imaginados sob a forma de "demônios", também eles seres sobrenaturais, de silhueta incerta, inferiores aos deuses e superiores aos homens, e cujo papel era de ordem, digamos, "policial".

É de se notar que semelhante raciocínio explicativo, tal como frequentemente o vemos, mais ou menos detalhado, em nossos textos cuneiformes, era feito *a posteriori*. Em outros termos, para um homem desafortunado, bastava, para justificar seu infortúnio, para lhe conferir uma razão última, recorrer a esta dialética mitológica: "Se sofro, é porque sou castigado pelos deuses; se eles assim me puniram, foi porque pequei contra eles." Mas se os deuses mesopotâmicos eram necessariamente justos, e se era preciso, a qualquer preço, salvaguardar sua justiça fornecendo, do lado do homem desafortunado, um motivo legítimo do mal do qual este padecia, eles não deixavam por isso de ser soberanamente livres e, como os reis, podiam muito bem, por razões próprias, dispensar a si mesmos de reagir diante das faltas dos homens. É por isso que não se podia raciocinar *a priori*: "Se cometi um pecado, devo forçosamente esperar expiá-lo." Partia-se do infortúnio para concluir a respeito da falta que supostamente o teria provocado.

Mas o que ocorria quando o desafortunado não tinha a menor lembrança de ter transpassado ordens divinas? Isso acontecia, necessariamente! Nesse caso, também havia meios

DEUS E O MAL: DA MESOPOTÂMIA À BÍBLIA

de "salvaguardar a justiça dos deuses": considerando-se o número quase infinito de todas as obrigações e proibições impostas pelos senhores do mundo, sempre era possível invocar uma delas, quase imperceptível ("Não há homem isento de pecado", dizia-se), e mesmo esquecida, inconsciente, ou ainda (em um país em que o regime jurídico admitia a responsabilidade familiar) cometida por um próximo!

Essa maneira de raciocinar tinha algo de frágil e simplista, uma vez que, afinal de contas, a falta explicativa era, em muitos casos, postulada: "Devo ter cometido um pecado!" Afinal, se alguém estava mergulhado em um sofrimento ou infortúnio excessivos, tendo consciência apenas de pecadilhos irrisórios, não tinha razões para reputar injusta a severidade exagerada dos deuses? E como "salvar" a justiça deles do espetáculo de notáveis celerados nadando em felicidade — pois isso também se via com muita frequência! — diante de pessoas honestas e cruelmente tratadas?

Eis um belo exemplo das reações de tais vítimas. É o último grande rei de Nínive, o famoso Assurbanipal, que, por volta de 630 a.C., depois de ter evocado todos os seus préstimos, lança este lamento:

> Fiz bem aos deuses e aos homens, aos mortos e aos vivos. (...) Então, por que doenças e tristezas, dificuldades e danos não me abandonam? Discórdias no país, perturbações e fracassos de toda sorte estão constantemente em meu encalço. Mal-estares do corpo e do coração me encarquilham inteiro. Passo o tempo a lamentar e a suspirar. Mesmo no dia da grande Festa, fico desesperado. (...) Oh, meu deus, se-

NO COMEÇO ERAM OS DEUSES

melhante sorte, reserve-a aos ímpios, e deixe-me reencontrar a fortuna! Até quando você vai me maltratar dessa maneira, como alguém que não respeita nem deuses nem deusas?

QUE PECADO AFINAL COMETI?

Assim, no país, com o tempo, vozes foram se elevando no sentido de exigir, para o problema do mal, uma solução religiosa mais nuançada, mais aceitável, que levasse em conta "justos sofredores" e "maus felizes".

Desses protestos restam-nos alguns ecos literários. No decurso do tempo, foram compostas, no país, algumas obras (poéticas, embora, na Mesopotâmia, o lirismo fosse em geral bastante fleumático) que propunha, por menos que possamos lê-las e compreendê-las, essa nova "resposta", melhorada, que parece ter-se disseminado, e depois se imposto, ao menos no segundo milênio a.C.

Algumas palavras, somente, sobre as duas mais antigas. Uma delas foi composta em língua suméria, sem dúvida perto do fim do terceiro milênio a.C., em cerca de 40 versos. A outra, em língua acadiana, deve ser das proximidades do segundo quarto do milênio seguinte: ela conta com menos da metade dos versos, e chegou a nós com enormes lacunas. Ambas apresentam "um homem" que, face a face com "seu deus", lamenta seus infortúnios e suas penas. É claro que reconhece-se culpado por seus pecados, o que salva a doutrina vigente; mas suas faltas não lhe parecem ter importância e gravidade proporcionais ao rigor de seu castigo, o que ressalta a insuficiência da doutrina. Ele implora, então, ao deus a

DEUS E O MAL: DA MESOPOTÂMIA À BÍBLIA

quem se dirige, para livrá-lo. E esse deus, no final, o livra de fato e lhe restitui a felicidade. Essa dupla aventura, que resumo aqui, ganhará todo o seu sentido quando nos debruçarmos sobre o terceiro poema, o mais significativo.

Intitularam-no O Justo sofredor, por referência implícita e, em minha opinião, errônea, ao nosso livro bíblico de Jó: a situação é completamente diferente! Trata-se de um longo monólogo, de cerca de 500 versos, repartidos em quatro tabuletas. Para expor sua tese, não por meio de abstrações mas bastante concretamente, o autor, desconhecido, decidiu materializá-la em uma história, a qual fez com que o paciente detalhasse e da qual quis reforçar a credibilidade ao apresentar este último, com todo o seu séquito, como um personagem conhecido (mas não por nós!) na Babilônia no último terço do segundo milênio a.C., época de origem do poema. De acordo com o grande movimento religioso "reformista" daquele tempo, que havia levado que se colocasse à frente dos deuses e do mundo Marduk, o líder sobrenatural da cidade, é declaradamente a ele que o autor do poema faz com que o queixoso se dirija.

Não se deve procurar aqui a grande literatura. Não apenas o texto tende a ser raso e prolixo em geral (inconveniente que não é excepcional nas "belas-letras" mesopotâmicas), como o autor parece ter sido tomado por uma aflitiva preocupação de sistematização, e até mesmo de geometrização: certamente porque queria pôr sob os olhos dos leitores uma demonstração, mais do que um verdadeiro relato. Seu plano é simples, e mesmo simétrico: nas duas primeiras tabuletas, o paciente conta seus infortúnios; nas outras, sua libertação.

Os infortúnios se dividem em duas categorias: na primeira tabuleta, tudo o que é degradação social — perda dos favo-

NO COMEÇO ERAM OS DEUSES

res do rei, da situação, da fortuna, da consideração, e desprezo dos concidadãos; na segunda, o acúmulo de males propriamente físicos e a extraordinária coleção de doenças — todas gravíssimas —, quase cômica pela quantidade, que levam o autor ao tema da morte. Das duas últimas tabuletas, muito mais lacunares, resta, contudo, o bastante para nos fazer compreender que a libertação — inesperada, depois de tantas provações e inúteis orações, e decidida de maneira brusca e espontânea, no pior momento, pelo deus soberano, Marduk — realizou-se (ainda a sistematização ingênua!) no sentido inverso da chegada dos males: primeiramente desaparecem os que atingem o corpo, um após o outro; depois os mal-estares de ordem social! Por fim, de volta às graças de seu deus, o paciente se vê novamente no grande templo de Marduk, na Babilônia, realizando uma espécie de peregrinação devota de gratidão, ao longo da qual, à medida que avança, recebe graças acumuladas.

ESPERAR OS FAVORES DIVINOS

Eis aqui ao menos alguns trechos da primeira parte: a degradação social.

> Eu que tinha os lábios loquazes me tornei surdo-mudo,/ Minhas sonoras gritarias foram reduzidas ao silêncio,/ Minha cabeça, que era erguida, inclinou-se até o chão.../ Após ter-me pavoneado altivamente, aprendi a esgueirar-me pelos cantos.../ Minha cidade me tratou como inimigo,/ E, tornado-me hostil, meu país se encheu de cólera contra mim!

DEUS E O MAL: DA MESOPOTÂMIA À BÍBLIA

Em seguida, a degradação física:

> Meus olhos se encarquilhavam, mas sem ver;/ Meus ouvidos se abriam, sem ouvir:/ O esgotamento se apoderou de meu corpo,/ E uma comoção se abateu sobre mim./ A paralisia tomou meus braços,/ A exaustão sobreveio aos meus joelhos,/ Meu esqueleto se desenhava, coberto apenas com minha pele.../ Minha tumba estava aberta, minha pompa fúnebre, organizada.

No início da segunda tabuleta, e entre as duas crises, o paciente recorda primeiramente seus inúteis pedidos de ajuda ao seu deus: "Eu gritava para meu deus, e ele recusou-me o rosto;/ Eu implorava à minha deusa, e ela sequer erguia os olhos..." Depois disso, ele deixa escapar o que constitui aos seus olhos o verdadeiro "problema do mal": diante da certeza da justiça dos deuses e de seu deus, o que mais o tortura é que ele se vê assim castigado a despeito de sua piedade e de seu comportamento exemplares:

> Como alguém que jamais houvesse assegurado libações ao seu deus,/ Jamais houvesse inclinado piamente seu rosto, nem praticado a prostração,/ De cuja boca se houvessem afastado orações e preces,/ Que houvesse esquecido a festa de seu deus,/ Negligenciado as celebrações mensais,/ E que, por incúria, houvesse abandonado o culto,/ É assim que sou tratado: como um homem mau punido.

Ele detalha, então, todos os seus atos pios, que, normalmente, deveriam ter atraído para ele as boas graças dos

NO COMEÇO ERAM OS DEUSES

deuses. No entanto, tais atos não o protegeram dos maus tratamentos destes, isto é, daquilo que, em virtude da velha "lei" comumente admitida, que explicava o infortúnio pelo pecado, se assemelhava exatamente a uma punição de faltas. A perturbação e a confusão de seu espírito diante de semelhante anomalia são tão grandes que ele acaba por se perguntar se a lógica dos deuses não estaria invertida: o avesso da nossa — pois então tudo ficaria claro:

> É claro, eu acreditava que meu bom comportamento fosse agradável aos deuses!/ Mas será, talvez, que o que estimamos louvável/ Não é ofensivo para eles?/ E que o que julgamos blasfematório/ Talvez seja para eles um prazer?

E em favor dessa interpretação, ele evoca a doutrina, ou antes a convicção, compartilhada por todos os semitas, da superioridade radical dos deuses, que vai a ponto de torná-los incompreensíveis para nós: "Quem jamais saberá o que querem os deuses, no céu?/ Quem compreenderá o que ruminam os deuses, no inferno?/ Como os habitantes da terra penetrariam o plano divino?" Aí residiria um primeiro aspecto da nova resposta para o problema do mal: a saber, que não há resposta, pois ela é reservada aos deuses e, por natureza, inacessível aos homens. Veremos que, levada ao absoluto, essa transcendência do sobrenatural, no livro de *Jó*, constitui justamente a chave do mistério. Aqui, diríamos que o autor a teve em mãos, mas sem o poder de usá-la, nem sequer de reconhecê-la, pois em uma região antropomorfista e politeísta como a da Mesopotâmia, nada podia ser *absoluto*. Assim, o autor do poema se limita, para responder ao problema que apresentou, ao fato de que, uma vez que os deuses se encontravam por natureza — à maneira dos reis em relação ao seu povo — bem acima de nós, inacessíveis e imunes, por isso, às nossas inquisições e recriminações, a única coisa que podemos dizer diante da conduta deles em relação aos homens que parecem castigar, mesmo sem que haja razão para isso, é que ela é desconcertante e que não temos que julgá-la. Na verdade, não se trata de uma explicação, mas quase de uma tautologia.

Há, contudo, outra coisa no poema: outro aspecto de sua resposta, complementar a esse que acabo de ressaltar. Encontramo-lo precisamente no princípio, nos primeiros versos, como se a história contada na sequência devesse ser apenas sua aplicação ou demonstração:

> Glorifico o sapientíssimo Senhor, o deus razoável,/ Que se irrita, à noite, mas que, chegado o dia, se acalma:/ Glorifico o senhor Marduk!/ Como a tormenta de um ciclone, ele envolve tudo com sua cólera;/ Depois, seu hálito se faz benfazejo, como o zéfiro da manhã!/ Irresistível, inicialmente, é seu furor, e catastrófica, sua ira;/ Depois seu coração volta atrás, sua alma se corrige!

O que quer dizer isso, senão que os deuses, Marduk à frente, são, afinal de contas, como os homens, e mais ainda como os reis, que, livres de toda coerção, passam constantemente do preto ao branco? Deve-se, pois, saber que são capazes, sem nenhum outro motivo a não ser o humor ou a

NO COMEÇO ERAM OS DEUSES

vontade, de se deixar bruscamente levar às piores violências e crueldades; depois, da mesma maneira incontrolável, estão prontos para as bondades mais admiráveis. E a longa história contada no poema não é uma impressionante ilustração dessas reviravoltas? Inicialmente vítima sem razão aparente das sevícias de Marduk, sem que nada — preces, súplicas, rituais — pudesse salvá-lo, o paciente, de repente, e sem outra razão, se vê libertado pelo mesmo Marduk, cujo "coração", nesse meio-tempo, "havia voltado atrás", cuja "alma se havia corrigido". Assim compreendemos melhor o sentido da obra inteira.

AS SOMBRIAS CAVERNAS DO ALÉM

Por trás dessa aventura e do opúsculo a ela consagrado, oculta-se o que o autor pretendia trazer: ao mesmo tempo uma lição e o complemento da "resposta ao problema do mal" que queria ensinar. Uma resposta racional é impossível, pensa ele; não é sequer preciso buscá-la, trata-se do segredo dos deuses, inacessível. Por outro lado, quando o infortúnio nos atinge, mais do que quebrar a cabeça para explicá-lo, por meio do pecado ou de outra maneira, só nos resta esperar pacientemente, com resignação, o infalível retorno da fortuna. Trata-se, de uma só vez, de uma exortação ao fatalismo e de uma lembrança da evidência de que "após a tempestade vem a bonança". Era igualmente esse o ensinamento, a partir de então mais bem compreendido sob essa luz, dos dois opúsculos mais antigos, consagrados ao mesmo problema: o infeliz, inicialmente maltratado sem motivo, era, no fim das contas, libertado sem razão.

A prova de que semelhante explicação do infortúnio acabou aprovada e admitida, na Mesopotâmia, ao menos na alta classe (nada temos e nada sabemos das reações da multidão, analfabeta e silenciosa diante de nós), está no fato de que ela também se encontra, sutilmente, no fundo da quarta e última obra relativa ao mesmo problema do mal.

Os assiriólogos a chamaram, de maneira um tanto imprópria em minha opinião, de *Teodiceia* — a "justificação dos deuses a respeito da existência do mal". Ela deve ter sido composta na virada do segundo para o primeiro milênio a.C. Conhecemos o nome do autor e sua qualidade de membro do clero, pois introduziu tais informações em seu texto por meio de acróstico; mas nada além disso. Diferente, contudo, do autor de *O Justo sofredor*, trata-se de um excelente escritor, de linguagem original e poderosa, e com vigorosa argumentação, ainda que o resultado nos pareça decepcionante.

Em 27 estrofes de 11 versos cada, ele escreveu um diálogo no qual duas partes discutem com grande cortesia, mas sem fazer rodeios. De um lado, aquele que podemos chamar de "queixoso", e que, bastante discreto em relação aos detalhes de seus infortúnios, deixa claro que, depois de uma prática constante da piedade e da virtude, e sem ter nada a censurar a si mesmo, tem várias razões para queixar-se de sua sorte, desde a mais tenra juventude. É ele quem toma primeiramente a palavra e quem encerra o debate, no fim. De outro lado, seu interlocutor, anônimo, tem a aparência daqueles velhos com reputação de "sábios", grandes repetidores de sentenças e truísmos. O queixoso não apenas sustenta fortemente suas críticas, como as baseia, com toda

NO COMEÇO ERAM OS DEUSES

evidência, unicamente nos fatos, constatados por sua própria experiência e pelos olhares agudos que tem sobre o mundo — e ele não é gentil!

Em meio a toda a literatura mesopotâmica, jamais encontrei algo mais negro, ácido e forte quanto à censura do que se passa aqui embaixo, nenhuma reprovação tão ferina do mal universal, tolerado pelos deuses:

> Aqueles que não fazem caso algum dos deuses, seguem o caminho da fortuna,/ Mas quem implora a eles com fervor só tem pobreza e miséria.../ Lancei meu olhar sobre o mundo: tudo anda às avessas:/ Os deuses não barram o caminho ao diabo!/ Um pai reboca penosamente seu barco, no canal,/ Enquanto seu primogênito se compraz no leito./ Um filho de rei se reveste de farrapos,/ Mas um filho de maltrapilhos é suntuosamente vestido.../ E eu, que sempre servi os deuses, o que ganhei com isso?/ Eis-me aqui aviltado diante de um insignificante qualquer,/ E, rico e opulento, um fedelho me despreza.../ Exalta-se a palavra do prepotente, habituado ao assassinato,/ E esmaga-se o modesto que jamais cometeu uma má ação!/ Enchem-se de ouro os baús do tirano,/ Mas esvazia-se a despensa do pobre...

A esses dados factuais, relatados com veemência, o sábio, seu interlocutor, replica apenas com vagos "princípios", com aqueles aforismos que correm as ruas, com aquelas máximas gastas que não têm muita relação com as vituperações do queixoso. Ele o lembra de que "apenas a piedade lhe devolverá a fortuna", que seu futuro será melhor mesmo que não se mantenha apegado aos deuses, e que, além disso, a prosperidade

DEUS E O MAL: DA MESOPOTÂMIA À BÍBLIA

dos maus é transitória e será prontamente substituída pelo infortúnio. E repete-lhe o axioma favorito dos semitas, e em particular dos mesopotâmios: "o plano dos deuses é tão distante quanto o âmago do céu; dominá-lo é impossível: não o compreendemos". Ele vai ainda mais longe quanto a esse aspecto, afirmando que foram os deuses-criadores, em pessoa e deliberadamente, que "dotaram os homens, ao criá-los, de uma inteligência confusa,/ Outorgando-lhes o erro no lugar da verdade!/ É por isso que tanto se proclama a fortuna do rico".

Se seguirmos a discussão na ordem, salta aos olhos que os argumentos do sábio não fazem o mínimo efeito sobre os do sofredor, que insiste, cada vez mais, em seus vitupérios, como se permanecesse sempre seguro de si, diante de explicações tão frágeis. Espera-se, portanto, que, para concluir, ele rechace definitivamente o autor de tais tolices, e o mande embora humilhado. Bem, não é de modo algum o caso, e essa é a surpresa final da *Teodiceia*: sem explicação ou refutação, sem o menor meio-termo, abandonando de uma só vez sua veemência e indignação, o revoltado apela subitamente, com humildade, para os deuses, esperando deles, com a cabeça baixa, a abolição de seu infortúnio. Eis as suas últimas palavras: "Que meu deus possa ainda, após ter-me abandonado, socorrer-me,/ E que minha deusa, que se distanciou, tenha novamente piedade de mim!"

Apesar de tudo o que havia afirmado antes no sentido contrário, ele volta, pois, sem explicações, à grande lei, posta e explicada em *O Justo sofredor*, da alternância divina: curvando a cabeça, ele espera que seu deus "volte atrás", que "se corrija". Em outros termos, a lição final que os autores dos três escritos anteriores queriam inculcar, e mais explici-

NO COMEÇO ERAM OS DEUSES

tamente o de *O Justo sofredor*, a resposta deles de certa forma definitiva ao problema do mal, e até mesmo do mal universal, era a seguinte: quando o infortúnio advém, a única atitude inteligente é esperar pacientemente sua fatal evacuação e substituição, ao sabor da vontade dos deuses, pela fortuna, renunciando a compreender as razões de seu advento. Trata-se de um segredo divino.

É claro que isso não vai longe. Mas ainda que nos consideremos, como eles gostavam de repetir, demasiado débeis para compreender o que fazem e querem os deuses, só podemos nos decepcionar com essa recusa tímida e inesperada de ir mais longe, e com esse fatalismo infantil que, em matéria de explicação religiosa do mal, constitui, no entanto, a última palavra dessa poderosa, inteligente e grandiosa Mesopotâmia, primeira edificadora de nossa civilização ocidental, que ainda nos surpreende por tudo o que inventou e trouxe ao mundo, a começar pela incomparável revolução da escrita.

Podemos, agora, nos demorar um pouco sobre a Bíblia: para nós, ela não é exótica e distante como a Mesopotâmia, e meu propósito é acima de tudo ressaltar como, em presença do mesmo problema do mal, e a partir de pressupostos comuns, os autores da Bíblia reagiram de maneira tão radicalmente diferente, e por quê.

A razão fundamental dessa divergência reside, a meu ver, em uma concepção completamente diferente do divino. Os israelitas eram semitas, como os mesopotâmios. Sentiam também a necessidade de colocar, acima do universo, para governá-lo e constituir sua indispensável causa primeira, todo um mundo sobrenatural, cuja superioridade, digamos transcendência, lhes era tão patente quanto para os mesopotâmios.

DEUS E O MAL: DA MESOPOTÂMIA À BÍBLIA

Como eles, estavam convencidos de que essa causa suprema intervinha em toda parte, não apenas no funcionamento e na vida do universo e deles mesmos, mas também em seu próprio comportamento; e imputavam-lhe todas as obrigações e proibições que nele intervinham. Como eles, consideravam toda desobediência a tais comandos uma revolta contra o divino, um desprezo, um pecado que merecia punição.

A partir de premissas em suma idênticas, o que comandou reações tão diferentes foi o fato de que os israelitas não tinham absolutamente a mesma representação que os mesopotâmios da ordem sobrenatural das coisas: eles não eram nem antropomorfistas nem politeístas; recusavam-se a ver o divino como uma projeção magnificada de si mesmos e a imaginá-lo disperso em um número mais ou menos grande de personalidades sobrenaturais. O criador de sua religiosidade e de seu povo, Moisés, incutira neles o que os historiadores das religiões chamam de henoteísmo, forma superior do politeísmo que consiste não em negar a existência de uma pluralidade de pessoas divinas, mas em escolher uma delas para ligar-se exclusivamente, afastando ao mesmo tempo todas as outras do campo de sua religiosidade.

Para associar de maneira mais estreita e definitiva seu povo a esse deus escolhido, que tinha o nome de Javé, Moisés havia recorrido a um velho costume, familiar aos antigos semitas, que consistia em criar um laço particular entre pessoas privadas ou públicas, por meio de um procedimento dito de "aliança". Por meio dessa aliança, Javé, de certo modo, adotara Israel como seu povo particular, comprometendo-se a apoiá-lo contra todos os seus inimigos e a ajudá-lo eficazmente em todos os seus empreendimentos;

NO COMEÇO ERAM OS DEUSES

Israel, por sua vez, havia jurado não apenas que se afastaria, para sempre, dos outros deuses, mas que consagraria unicamente a Javé seu apego religioso e seu culto; e seus fiéis, diferentemente de todos os outros povos de então, renunciariam a todo tipo de representação imagética de Javé — como que para afirmar a radical diferença dele em relação a todos os outros deuses — e a toda a faustuosa ostentação de riquezas materiais no culto — a fim de se concentrar na obediência completa e exclusiva à vontade moral de Javé: eles o adorariam por meio de uma conduta reta e honesta, e não pela exibição dos próprios dons. Semelhante revolução, inaugurada por Moisés, constituiu, de fato, na história religiosa da humanidade, uma transformação completa dos valores e das práticas.

UM MONOTEÍSMO ABSOLUTO

Foi sobre essas bases que se formou, em alguns séculos, o que chamamos de monoteísmo: a saber, a convicção de que Javé, o deus que foi escolhido primeiro e preferido entre todos os outros, era na verdade o único, o *absolutamente* único, para o universo inteiro. Esse monoteísmo *absoluto*, enunciado pela primeira vez no *Deuteronômio* (IV 35; século VII a.C.), implicava uma concepção *absoluta* da transcendência reconhecida ao Divino por todos os semitas. Enquanto aos olhos dos mais avançados entre eles, os mesopotâmios, o universo aparecia constituído como uma espécie de enorme esfera única, que encerrava em si tudo o que existia — tanto o mundo sobrenatural quanto o material, tanto o cria-

DEUS E O MAL: DA MESOPOTÂMIA À BÍBLIA

dor quanto a *"criatura"* —, o monoteísmo, absoluto, implicava a existência de duas esferas ontológicas completamente separadas uma da outra: a do Deus único, do Criador, e a da criatura, sobre a qual o Criador podia agir, mas a partir da qual não se podia absolutamente ter acesso a ele. Em outros termos, como diríamos em nossa linguagem, o divino não era "maior", "mais imenso", "mais imensamente poderoso" que todas as criaturas, ele era *de outra ordem*.

A segunda consideração que deve ser levada em conta para que se observe a que ponto os autores da Bíblia estavam afastados dos outros semitas, inclusive dos mesopotâmios, está no fato de que a aliança particular com Israel fora firmada entre Deus e um povo: foi o povo de Israel que Javé prometeu apoiar em seus empreendimentos (vitória sobre os inimigos, estabilidade política, prosperidade comum...), e era primeiramente como membros de um povo devotado unicamente a Javé que deviam agir os israelitas, que viviam, portanto, sob o regime da responsabilidade coletiva.

Entretanto, eles descobriram pouco a pouco, a partir do século VII a.C., a responsabilidade individual: "Naqueles dias", proclama Jeremias (XXXI, 29), "não se ouvirá mais dizer: os pais comeram uvas verdes, e os dentes dos filhos são os que se embotaram. Mas cada um morrerá na sua iniquidade." Mudança considerável e diametral! O castigo prometido para os pecados — por esse Deus único e absoluto e, portanto, justo, que não podia deixar de infligi-lo sem renunciar a ser ele mesmo e a respeito do qual não se poderia mais raciocinar de outra forma que não *a priori* ("pequei, portanto devo ser punido, com o mal ou o infortúnio") —, desde então, passava do coletivo para o singular: não era mais o povo, mas cada um de seus membros, que deveria sofrer a justa sanção de sua falta.

HISTÓRIA DO VERDADEIRO "JUSTO SOFREDOR"

Algo poderia colocar temíveis dificuldades práticas: nas coisas dos homens, os fatos sempre são mais ricos do que as leis por meio das quais queremos enquadrá-los. Um povo tem futuro, e sempre é possível projetar nele a realização de promessas e ameaças; mas um indivíduo morre rapidamente e, para os israelitas, assim como para todos os outros semitas e contemporâneos deles, depois da morte de um homem só restava dele sua sombra incerta, seu fantasma etéreo, destinado sem julgamento discriminatório a um modo de torpor e de sonolência indefinidos nas sombrias cavernas do Embaixo, do inferno, desde então inacessível ao bem e ao mal, à fortuna e ao sofrimento — e, portanto, insensível a tudo: impunível e "irrecompensável". Recompensa ou castigo deveriam, portanto, realizar-se durante a curta existência aqui embaixo do justo ou do mau.

Foi assim que se colocou, e se encorpou, sobretudo a partir da metade do primeiro milênio a.C., o problema do mal em Israel. Permanecia certo e indiscutível que todo pecado contra Javé deveria ser *a priori* punido por meio de um mal físico ou moral, de um infortúnio, de uma catástrofe, e na própria pessoa do pecador. Mas como e quando? Uma vez que se via a cada dia (como se observara na Mesopotâmia) pessoas honestas, virtuosas e justas sendo perseguidas e desgraçadas, e francos criminosos tornando-se prósperos e beatos.

DEUS E O MAL: DA MESOPOTÂMIA À BÍBLIA

Foram dessas discussões, das quais temos vários lampejos, aqui e ali, na Bíblia, que surgiu o livro de *Jó* (século V ou IV a.C., provavelmente). Nada sabemos sobre seu autor. Mas basta lê-lo para se dar conta de que não se trata apenas de um dos mais poderosos e prodigiosos poetas, mas de um pensador religioso de primeira grandeza.

O livro não é inteiramente dele. Não somente, com o tempo (como é o caso de alguns livros bíblicos), algumas inserções foram feitas, como também, e sobretudo, ele comporta, no início e no fim, um enquadramento em prosa, em uma língua e um ritmo particulares, que parece com o conto popular. É bastante possível que o autor em pessoa tenha retido esse relato, que devia correr em seu tempo, não apenas porque certamente acreditava que fosse verdadeiro, mas sobretudo porque lhe fornecia a situação ideal para se lançar sobre o problema do mal sob sua forma mais aguda, mais escandalosa — o verdadeiro justo sofredor e, portanto, castigado —, e para apresentar o que lhe parecia a única explicação plausível para ele, na lógica de sua religião.

Tratava-se, com efeito, nesse texto de um certo Jó, um homem a um só tempo rico, feliz e religiosamente perfeito, irrepreensível, uma vez que Javé em pessoa, orgulhoso dele, o reconhecia e o declarava em alta conta. Diante da incredulidade de Satanás, seu grande "adversário", que estava persuadido de que Jó só se apegava a seu deus por interesse, e não por devoção sincera, Javé abandonou-o a ele. E em pouquíssimo tempo, o infeliz se viu despojado de todos os seus bens e filhos, reduzido à miséria e, atingido também em seu corpo, a coçar suas feridas sobre um monte de lixo, sem uma palavra de protesto e sempre apegado a seu deus, enquanto até mesmo sua mulher o havia aconselhado: "Amaldiçoe a Deus e morra de uma vez!" (II, 9).

Eis, portanto, o problema do mal apresentado em todo o seu rigor: como justificar o sofrimento de um homem que o próprio Javé sabe e proclama que é isento de todo pecado, justo e irrepreensível, e que não deveria, portanto, ser assim castigado, uma vez que o infortúnio é sempre apenas um castigo? De um lado, no decorrer do diálogo que compõe o livro, Jó não para de protestar sua inocência — e sabemos que ele diz a verdade! De outro lado, os três amigos que vieram encontrá-lo não cessam, alternadamente, de mostrar-lhe que a explicação de sua degradação é simples, conforme ao axioma teológico segundo o qual somente é infeliz aquele que mereceu seu infortúnio pecando: Jó é, portanto, culpado — e sabemos que eles estão errados! A discussão se prolonga, em vão, como todas as discussões humanas.

"VOU TAPAR A BOCA COM A MÃO" (XL, 4)

Mas no fim Javé intervém e dirige-se a Jó, que, mais de uma vez, com veemência, lhe havia perguntado: por quê? E o que diz ele ao tomar a palavra "no meio de uma tormenta", como para fazer-se acompanhar do fenômeno natural que mais evoca sua formidável potência? Eis o início de seu discurso:

> Quem é esse que escurece o meu projeto com palavras sem sentido?/ Se você é homem, esteja pronto: vou interrogá-lo, e você me responderá./ Onde você estava quando eu colocava os fundamentos da terra?/

DEUS E O MAL: DA MESOPOTÂMIA À BÍBLIA

Diga-me, se é que você tem tanta inteligência!/ Você sabe quem fixou as dimensões da terra?/ Quem a mediu com a trena?/ Onde se encaixam suas bases,/ Ou quem foi que assentou sua pedra angular,/ Enquanto os astros da manhã aclamavam e todos os filhos de Deus aplaudiam?/ Quem fechou o mar com uma porta, quando ele irrompeu, jorrando do seio materno?/ Quando eu coloquei as nuvens como roupas dele e névoas espessas como cueiros?/ Quando lhe coloquei limites com portas e trancas, e lhe disse:/ "Você vai chegar até aqui, e não passará. Aqui se quebrará a soberba de suas ondas?" (XXXVIII, 2-11)

Você já chegou até as fontes do mar, ou passeou pelas profundezas do oceano?/ Já mostraram a você as portas da morte, ou por acaso você já viu os portais das sombras?/ Você examinou a extensão da terra? (XXXVIII, 16-18)

E assim sucessivamente, em 30 versos que passam em revista, em uma língua poderosa e esplêndida, cheia de incomparáveis imagens, o universo e seu povoamento de maravilhas inventadas, realizadas e dirigidas unicamente por Javé.

O que ele quer dizer? Entre os antigos semitas, os discursos eram preferencialmente mais sugestivos do que explicativos, um pouco como música, que é preciso sentir, mais que analisar, se quisermos receber a mensagem. Ao fim dessa longa tirada, na qual o autor se limita a pôr sob a responsabilidade de Javé o prodigioso espetáculo do mundo e o maravilhoso funcionamento da natureza, descritos com uma espécie de entusiasmo lírico admirável, e para os quais o homem em nada contribuiu e nem poderia fazê-lo, Jó compreende que nada mais lhe resta a não ser o silêncio: "Eu me

NO COMEÇO ERAM OS DEUSES

sinto arrasado. O que posso replicar? Vou tapar a boca com a mão." (XL, 4)

E, com efeito, não há nada a dizer. O papel de Javé é único: ele mesmo se encontra em posição demasiado alta; sua ação é a um só tempo formidável e incomparável o bastante para que o único sentimento que se possa experimentar diante dele seja o de aprovação e admiração, o que quer que ele faça! Não temos que colocar-lhe questões, fazer-lhe perguntas, e esperar respostas que, de resto, não entenderíamos. A única resposta ao grande "por que" que nos é colocado nos lábios pelo problema do mal, sob sua forma mais aguda, é que não há por que, pois ele seria dirigido a um ser ininterrogável, que em nada se assemelha a nós, e que nos é totalmente ocultado por sua própria transcendência.

Jó foi o primeiro a ir até o fim dessa noção tão familiar aos antigos semitas. Ele compreendeu que Deus não é maior, mais sábio, mais forte do que nós, o que suporia que é grande, sábio e forte como nós. Ele é algo *completamente diferente*, pertence a uma *ordem de grandeza completamente diferente*, isolado em sua esfera própria, que o subtrai a nossos questionamentos, mesmo diante de um problema tão agudo e escandaloso como o do mal: o do sofrimento do Justo — e da mesma maneira o da fortuna do Mau. Não temos meio de compreendê-lo: de modo algum se assemelha a nós e, de resto, não seria Deus se nos fosse compreensível e, portanto, acessível, o que o rebaixaria ao nosso nível. Resta-nos, portanto, apenas nos deixarmos levar por ele, onde e como ele quiser, admirando-o ainda mais na medida em que tudo o que faz, mesmo contra nós, nos excede completamente e não poderia ser mudado.

DEUS E O MAL: DA MESOPOTÂMIA À BÍBLIA

No livro de *Jó*, a transcendência tomou todo o seu sentido, pois, na visão dele, como na visão bíblica, não estamos mais diante de divindades múltiplas e antropomórficas, simplesmente alçadas à sua máxima grandeza por nossa imaginação, mas de um Deus absolutamente único, não muito maior do que nós, mas sem nada em comum conosco, de *uma ordem completamente diferente da nossa.*

Creio que, no plano religioso de um monoteísmo absoluto que é tradicionalmente o nosso, não há outra resposta possível ao mal e ao problema que ele nos coloca. E se Jó pôde percebê-la e formulá-la, foi porque vivia precisamente em pleno monoteísmo, o único sistema a introduzir, na religião, o absoluto. Jamais os grandes mesopotâmios, aqueles colossos de inteligência, poderiam ter ido tão longe; o livro de Jó é um dos cumes do pensamento religioso — poderíamos dizer da metafísica religiosa.

CAPÍTULO IV # Deus e o crime*

*Este artigo foi publicado na revista *L'Histoire* n° 168, pp.16-19.

Se acreditarmos na Bíblia, o crime é um hábito inveterado do homem. Ele ritmou e comandou inicialmente a mais velha "história", a "era mítica" que mais de uma mitologia antiga imaginou, das origens do mundo até o momento em que, por meio de retoques mais ou menos amplos ou brutais, a imagem do universo e do homem foi levada ao estado que todos conhecemos, de memória universal, e começou a funcionar como desde então sempre funcionou.

O primeiro Homem que apareceu aqui embaixo — incitado por sua Mulher, que fora enganada pela Serpente — desobedeceu a Deus e comeu do Fruto proibido. É preciso que uma insubordinação como essa tenha sido tomada como um ato criminoso monstruoso, como uma verdadeira revolta, se julgarmos pelo terrível e definitivo castigo que implicou: a Mulher foi definitivamente condenada às dores do parto e à tirania do Homem, e este, a só poder subsistir ao preço de um trabalho extenuante (*Gênesis* III).

Dos primeiros filhos do casal, expulso para sempre de sua beatífica morada original, Caim assassina seu irmão Abel, do qual tem ciúmes, e este também é banido e condenado a uma vida errante e amedrontada (IV, 1s).

Entre os descendentes do assassino surge uma espécie de besta, Lamec, que se gaba de ser muito mais sanguinário que

NO COMEÇO ERAM OS DEUSES

Caim: "Por uma ferida, eu matarei um homem, e por uma cicatriz matarei um jovem. Se a vingança de Caim valia por sete, a de Lamec valerá por setenta e sete" (IV, 23).

Depois disso, ao longo das gerações, o crime se difunde em toda parte, de tal maneira que Deus fica desapontado ao ser obrigado a constatar "que a maldade do homem crescia na terra e que todo projeto do coração humano era sempre mau" (VI, 6). E decide aniquilá-lo com o Dilúvio, excetuando apenas o único justo, o único irrepreensível: Noé, salvo do cataclismo, com sua família, em sua "arca" flutuante (VI, 15; VIII).

Passado o Dilúvio, Cam, segundo filho do herói, ultraja gravemente seu pai — de acordo com as ideias que se tinham então das coisas — ao contemplá-lo totalmente nu e comprazendo-se na embriaguez: esta curiosidade doentia devia constituir, por si mesma, um novo crime, um imperdoável atentado, para que Noé maldissesse o culpado a ponto de fazer dele o pai de gerações de escravos (IX, 20s).

Enfim, os homens, novamente espalhados sobre a terra, conspiram para nada mais nada menos que afrontar Deus em pessoa, alçando-se assim para falar à Sua altura por meio de uma torre que lhes permitirá "(chegar) até o céu", simples "começo de seus empreendimentos" maléficos, como se nada mais pudesse freá-los na devastação de todos os interditos e na progressão do crime. É por isso que, confundindo e multiplicando suas línguas, Deus os condena a não mais se entenderem uns aos outros, o que os predispõe a agredirem-se e matarem-se (XI).

É essa sucessão arcaica, original e obstinada dos crimes passados, portando em germe os crimes futuros, sem número

DEUS E O CRIME

e sem termo, que leva Deus, como desalentado diante da súcia malfeitora e perversa dos homens, a preparar, unicamente para Si, uma comunidade restrita, que será, como Noé em seu tempo, a única justa, inocente e irrepreensível: Seu povo particular, que jamais deveria decepcioná-Lo. Assim parte Ele para longe, no início da "era histórica", para buscar Abraão e trazê-lo ao teatro em que pretende vê-lo viver e proliferar-se para tornar-se o pai do povo de acordo com Seu coração (XI, 1s).

Vê-se que, antes mesmo do início da história, o passado mais antigo do mundo, na perspectiva bíblica, não passou de uma sequência de catástrofes, comandadas a cada vez por crimes e pela repressão deles: pela reação legítima de Deus diante dos atos celerados dos homens.

As coisas infelizmente não se detiveram aí, e o relato bíblico foi obrigado a registrar, no decorrer dos tempos "históricos", uma nova e interminável série de ações criminosas, ora duramente castigadas, ora sem punição discernível, e até mesmo no seio do "povo de Javé". Basta reler os detalhes das abominações de Sodoma e de sua destruição (XIX); do ciúme de Sara, que obriga Abraão a expulsar Agar, mãe de seu filho Ismael, sob o risco de condená-los à morte com esse afastamento e esse abandono (XXI, 9s); do estupro de Dina por Siquém e da cruel vingança de Simeão e Levi (XXXIV); e assim sucessivamente, em uma longa litania, prolongada até o fim da Bíblia. Sequer o rei ideal, o nobre e sedutor Davi, escapa, quando, depois de ter olhado do alto de seu terraço uma mulher "muito bonita" tomando banho e tê-la violentamente desejado e tornado mãe, livra-se hipocritamente do marido, fazendo com que o coloquem no centro de uma batalha sangrenta (*II Samuel* XI).

Tudo se passa como se, desde a primeira revolta criminosa do pai de todos os homens, a Má Ação, com demasiada frequência alçada a este superlativo que é o Crime, houvesse entrado em nossa natureza, tornando-se conatural a nós, infectando todos os homens, até mesmo os do "povo eleito". Como observará muito mais tarde Coélet, filósofo que via as coisas de cima, "Deus fez o homem correto, mas o homem inventa muitas complicações" (*Eclesiastes* VII, 29).

Entretanto, não são o termo e a ideia de *crime* que dominam a Bíblia, mas os de *pecado*, cujo alcance não é de maneira alguma o mesmo. Como se, para além do horror, da selvageria, da violência, do excesso e da vergonha de cada crime relatado, se quisesse destacar, como verdadeira razão de sua reprovação, seu caráter de "pecado": isto é, de recusa de obedecer a Deus, de rebelião contra Sua vontade e, portanto, contra Sua pessoa. Na Bíblia, a gravidade do crime não é tomada pelo lado de seu caráter ignóbil, insuportável e atroz, como espetáculo condenável, mas do lado de Deus, a quem, simples e miserável criatura, o homem resiste por meio de tal ato e contra quem se insurge e desafia. Antes de ser aos nossos olhos um crime, a ação criminosa, na Bíblia, é primeiramente condenada por Deus pelo fato de ser rebelião e "pecado". Consumado o adultério e assassinado o marido, Davi vê chegar a ele um daqueles intratáveis representantes da fidelidade a Javé, que se consideravam "enviados" por Ele, e que o censura violentamente, como o rei que é, por seu excesso criminoso, pelo fato de ser reprovado por Deus: "Então por que você desprezou Javé e fez o que Ele reprova?" (*II Samuel* XII, 9).

DEUS E O CRIME

A religião de Israel, da qual a Bíblia é ao mesmo tempo a carta de fundação e o dossiê de história, via, quanto a esse assunto, as coisas sob um ângulo bastante particular.

Os israelitas eram semitas e faziam, portanto, parte de um grupo cultural determinado, um dos mais antigos conhecidos, atestado, na Mesopotâmia, o mais tardar desde os primórdios do terceiro milênio, por sua linguagem, que revela obrigatoriamente uma cultura própria. Do ponto de vista religioso, o que sabemos sobre eles nos leva a pensar que tinham uma ideia bastante elevada da natureza e do papel dessa espécie de mundo sobrenatural que toda religião, de uma maneira ou de outra, sobrepõe ao nosso nível visível e palpável, a fim de nos fornecer a razão de ser de nossa existência e de seus grandes movimentos.

Na Mesopotâmia, via-se nele a projeção magnificada da classe política, que, nesse país, havia desde sempre assumido uma forma estritamente monárquica. Como tais, os deuses haviam criado os homens para desempenhar em relação a eles o mesmo papel dos súditos para com seu rei: prover com seu trabalho todas as necessidades deles, análogas às nossas — alimentação e bebida, roupas e ornamentos, edifícios para moradia, existência agradável e festiva —, que lhes eram asseguradas sob a forma de estátuas e imagens nos templos a eles erigidos. Nisso residia o essencial do culto que lhes era consagrado e, uma vez que nos haviam inventado e posto no mundo com esse objetivo preciso, eles não pediam mais. Mas também desempenhavam, em relação aos humanos, o papel do soberano e de seus auxiliares para com os súditos: tudo o que, para os homens, constituía uma obrigação ou uma defesa emanava da vontade deles, e quem quer

291

NO COMEÇO ERAM OS DEUSES

que infringisse uma delas se tornava passível de um castigo, o qual tomava a forma desses aborrecimentos, males ou infortúnios que vêm de repente — inexplicavelmente — sombrear ou abalar nossa existência, e que ali encontravam sua justificação.

Temos apenas uma ideia bastante vaga da primeira religiosidade dos israelitas, que apareceram somente em meados do segundo milênio a.C. Ao modo deles, mais modesto e menos intelectualmente sistematizado, visto seu estado de nômades rudes, com certeza evocavam de maneira vaga e em pequeno formato o afresco amplo e multicolorido do panteão e do sistema mesopotâmicos.

Entretanto, no início do século XIII a.C., um deles, conhecido com o nome de Moisés, quis ao mesmo tempo dar-lhes um país que fosse deles — aquele que chamamos de "Palestina" — e ligar esse novo destino "nacional" a uma forma religiosa inédita que, em sua alma aberta e ardente, esse gênio havia elaborado. Num mundo, porém, universalmente politeísta, ele preconizava que seu povo não devia se preocupar com os outros deuses, mas ligar-se a um só, de nome Javé, ao qual deveria permanecer para sempre e exclusivamente fiel, pois Ele protegeria Seu povo ainda frágil e asseguraria o sucesso de suas ambições territoriais e políticas. E para que esse Deus reservado aos israelitas permanecesse separado das outras inúmeras divindades veneradas pelos povos, não se devia tentar figurá-Lo, representá-Lo por meio de imagens ou estátuas: bastava saber que ele existia e daria a mão ao seu povo. Recorrendo a uma formalidade usual entre os antigos semitas, Moisés havia realizado e imaginado, entre Javé e seu povo, um ver-

DEUS E O CRIME

dadeiro pacto de Aliança: o povo se comprometia a permanecer ligado exclusivamente a seu deus, e esse último a apoiá-lo, contra ventos e marés.

Nova e admirável "invenção" de Moisés, decididamente à contracorrente de tudo o que se fazia em toda parte, o apego de seu povo ao seu deus não se manifestaria, como ocorria entre outros povos, inclusive mesopotâmios e outros semitas, por meio de um serviço de bens e provisões materiais — templos magníficos, roupas e ornamentos de valor, oferendas cotidianas e pluricotidianas de alimentos e outros subsídios —, mas unicamente pela conduta e obediência exclusiva e total a uma espécie de "código moral", algo como aquele que a Bíblia conservou para nós e que chamamos de bom grado de "Decálogo":

> Eu sou Javé seu Deus (...)/ Não tenha outros deuses além de mim./ Não faça para você ídolos (...)/ Não se prostre diante desses deuses, nem sirva a eles, porque eu, Javé seu Deus, sou um Deus ciumento (...)/ Não pronuncie em vão o nome de Javé seu Deus, porque Javé não deixará sem castigo aquele que pronunciar o nome dele em vão./ Lembre-se do dia de sábado, para santificá-lo./ Trabalhe durante seis dias e faça todas as suas tarefas./ O sétimo dia, porém, é o sábado de Javé seu Deus. (...)/ Honre seu pai e sua mãe(...)/ Não mate./ Não cometa adultério./ Não roube./ Não apresente testemunho falso contra o seu próximo./ Não cobice a casa do seu próximo, nem a mulher do próximo, nem o escravo, nem a escrava, nem o boi, nem o jumento, nem coisa alguma que pertença ao seu próximo. (Êxodo XX, 2-17)

NO COMEÇO ERAM OS DEUSES

Essa polarização ética de toda a atividade religiosa desenvolveu um sentimento agudo das obrigações de cada um, e do alcance delas. Num tempo em que o mundo — e muito menos esse povo singular! — ainda não estava, nem de longe, "desencantado" — e em que a religião acompanhava e recobria todo o campo da atividade humana, ainda mais entre aqueles que sentiam o "sobrenatural" tão profundamente mesclado à sua história — qualquer infração do "código moral" e daquilo que ele implicava, em detalhes, para além de suas grandes rubricas, qualquer transgressão, era estimada e julgada de saída em virtude do critério fundamental que a ligava à vontade de Deus e às obrigações para com Ele baseadas na Aliança e em seu pacto fundador. Conforme essa vontade e esse "código", tal ação era regular e própria do que Deus esperava de Seu povo; caso contrário, em qualquer que fosse o domínio da conduta, ela constituía antes de tudo um pecado, e era primeiramente por esse viés que suscitava reprovação e condenação.

A prioridade de um critério e de uma proscrição desse tipo foi, ao longo dos séculos, consideravelmente reforçada na consciência dos israelitas pela evolução de seu próprio destino e pela explicação que dela era dada pelos fiéis mais sobejos de Javé, aqueles que eram chamados de "profetas", por vocação renhidos defensores do integrismo religioso. Dilacerado, após um momento de glória, por terríveis dissensões internas e tristes fracassos políticos, o povo de Israel se via, o que era ainda pior, como vítima regular e impotente das impiedosas invasões conquistadoras empreendidas pelos formidáveis mesopotâmios. Ora, repetiam desafiadoramente os "profetas", isso tudo era apenas o castigo prome-

DEUS E O CRIME

tido por Javé às incessantes transgressões — é preciso dizer, humanamente inevitáveis — que os israelitas acumulavam contra seu Deus. Egoísmo e rapacidade de uns contra os outros, preferência pelos baixos prazeres da vida, maldades e atentados cada vez maiores, perversão do espírito para justificar a qualquer preço a má conduta, soberba e vaidade, desonestidade e injustiça, além de outros crimes, eram primeiramente condenados apenas por Deus, isto é, dito de outra maneira, como insultos e pecados dirigidos a Ele:

> Ai daqueles que juntam casa com casa e emendam campo a campo, até que não sobre mais espaço e sejam os únicos a habitarem no meio do país./ (...) Ai daqueles que madrugam procurando bebidas fortes e se esquentam com o vinho até o anoitecer./ Em seus banquetes, eles têm harpas e liras, tambores e flautas, e vinho para suas bebedeiras (...)/ Ai dos que arrastam a culpa com cordas de bois, e o pecado com tirantes de uma carroça (...)/ Ai dos que dizem que o mal é bem, e o bem é mal, dos que transformam as trevas em luz e a luz em trevas, dos que mudam o amargo em doce e o doce em amargo!/ Ai dos que são sábios a seus próprios olhos e inteligentes diante de si mesmos!/ Ai dos que são fortes para beber vinho e valentes para misturar bebidas,/ Dos que absolvem o injusto a troco de suborno e negam fazer justiça ao justo! (Isaías V, 8-23)

Era esse o tom do discurso profético, e pode-se compreender sem dificuldade como ele podia obliterar inteiramente o campo da consciência ao implantar nele a ideia central do *pecado*. Quaisquer que fossem os efeitos propriamente judiciá-

NO COMEÇO ERAM OS DEUSES

rios dos delitos e dos crimes da alçada do poder "civil" (a Bíblia praticamente não aborda esse tema), a conduta tinha apenas um único juiz, supremo e sem recursos: Deus. E o peso, o perigo, o prejuízo, a abominação das más ações e dos crimes tinham menos importância que sua ignomínia essencial, a recusa de obedecer-Lhe, que O obrigava, uma vez que Ele era absolutamente justo, a vingar-Se sem falta, infligindo Ele mesmo a seus autores o castigo merecido: o infortúnio.

As coisas foram tão longe que um verdadeiro crime, aos nossos olhos, podia, comandado por Deus, ser tomado como uma ação admirável, heroica... É o sentido da história do assassinato de seu filho, exigido de Abraão por Deus: "Deus pôs Abraão à prova, e lhe disse (...)/ 'Tome seu filho, o seu único filho Isaac, a quem você ama, vá à terra de Moriá e ofereça-o aí em holocausto, sobre uma montanha que eu vou lhe mostrar!'" (*Gênesis* XXI, 1-2). É claro, como é dito com todas as letras, que Deus queria apenas "pôr à prova" a obediência e a devoção de Abraão, mas este partiu imediatamente, sem pestanejar, para executar essa ordem atroz, e se seu braço se deteve no final, no momento em que erguia a faca para matar o filho, não é menos verdade que ele havia aquiescido sem delongas, sem dizer palavra, sem hesitar, àquela ordem tão objetivamente criminosa.

Tudo se passa como se, na Bíblia, do começo ao fim, a exclusiva unidade de peso na balança das ações humanas houvesse sido, não o sentimento do "Direito", escrito ou não, mas a Vontade de Deus; e como se, por mais terrível, inumano, odioso ou atroz que fosse, o *crime* houvesse assumido e conservado sua significação intrínseca de ato a ser condenado e evitado sobretudo a partir de sua qualidade de *pecado*.

DEUS E O CRIME

Incorporada, por meio da mensagem do cristianismo, à própria raiz de nossa civilização, semelhante convicção pesou bastante na formação de nossa consciência e nesse extraordinário "senso do pecado" que a invadiu, ainda que se desvie com demasiada frequência na direção de um certo juridismo, tão distante da religiosidade autêntica...

Anexos

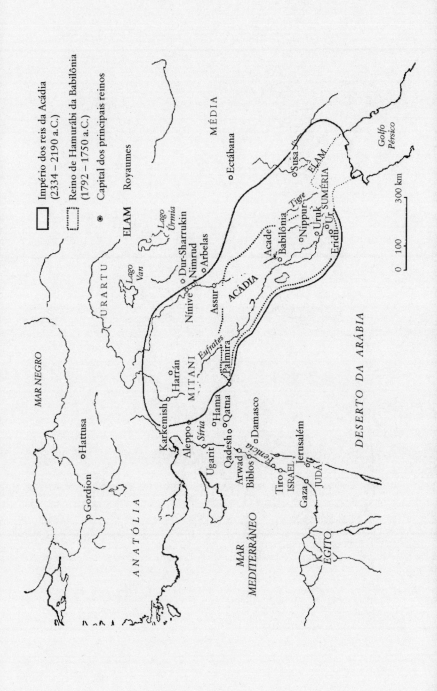

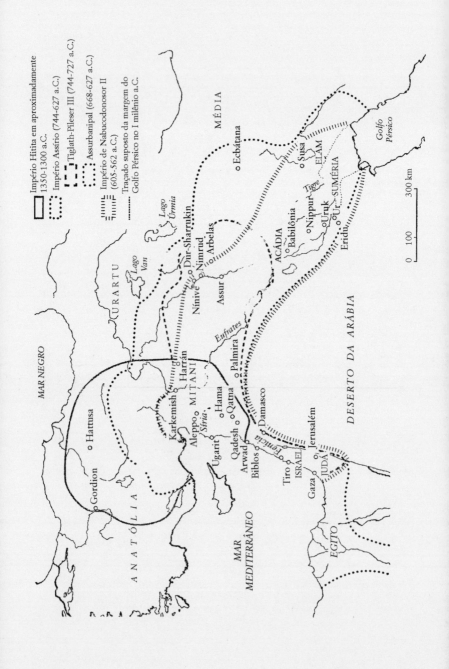

Glossário

A

Acádio: Língua semítica falada por uma das primeiras populações da Mesopotâmia, como os sumérios. Seu nome deriva da cidade de Acade ou Agade, fundada por Sargão no terceiro milênio a.C. Dividiu-se em seguida, no segundo milênio a.C., em dois dialetos: o babilônio, no sul, e o assírio, no norte. O adjetivo acádio também designa a população que fala essa língua e a dinastia fundada por Sargão da Acádia.

Alfabeto: Do grego *álpha* e *beta*, nome das letras fenícias *aleph* e *beth*. A ideia de uma escrita alfabética caminha lentamente no Oriente Médio no decorrer do segundo milênio a.C. Foram encontrados traços de alfabetos cuneiformes em Ugarit e uma forma de alfabeto derivada da escrita hieroglífica egípcia no Sinai. O alfabeto fenício, composto de 22 letras (todas consoantes), data de cerca do ano 1000 a.C. e está na origem de todos os outros alfabetos existentes.

Aliança: *Berit*, em hebraico. O termo tem o sentido corrente de "tratado", "contrato", "engajamento". É usado na Bíblia para designar a Aliança entre Deus e os homens: assim, a Aliança estabelecida por Deus com Abraão, depois com Moisés, engaja todo um povo.

Amorreus: Populações nômades, falantes de uma língua semítica, originárias da Síria Ocidental, que, no fim do terceiro milênio a.C., invadiram a Mesopotâmia. No segundo milênio a.C., chefes de tribos amorreias fundaram reinos em Isin, Larsa, Babilônia, Mari etc.

Aquemênida: Nome dado à dinastia que exercia o poder no império persa. Foi Dario I quem, ao tomar o poder pela força em 522 a.C., deu o

NO COMEÇO ERAM OS DEUSES

nome de "aquemênidas" à sua ascendência fictícia (o rei Aquêmenes) e à dinastia que ele pretendia fundar.

Aramaico(s): População falante de uma língua semítica próxima do hebraico que, no início do primeiro milênio, se instalou no sul da Síria atual até a Alta Mesopotâmia. Nos séculos IX e VIII a.C., Damasco foi a capital de um poderoso reino aramaico, que constituiu uma ameaça constante para o reino israelita. Esse reino desapareceu sob os ataques dos assírios em 732 a.C.

Arca da Aliança: Do hebraico *arôn*, "o baú". Segundo o livro do *Êxodo*, trata-se de um baú retangular em madeira de acácia, revestido de ouro fino, fechado por uma tampa de ouro maciço em que se ergue o "trono de Javé"; a tampa é ornada com dois querubins de ouro. De acordo com a Bíblia, ela contém a prova da Aliança: as Tabuletas da Lei recebidas no Sinai. Venerada no Santuário do deserto, foi transferida para o Santo dos Santos do templo de Jerusalém.

Assíria: O Estado assírio se constitui no século XIV a.C. em torno da cidade-estado de Assur, no norte da Mesopotâmia. Viveu seu apogeu sob Sargão II e Assurbanipal, no século VII a.C.

Astrologia: Os primeiros textos astrológicos apareceram na Mesopotâmia aproximadamente em 1800 a.C. Conhece-se um tratado compilado a partir da metade do segundo milênio a.C., que contém 7.000 presságios relativos ao movimento da Lua, do Sol, dos fenômenos atmosféricos e meteorológicos, dos planetas e das estrelas fixas. A astrologia diz respeito essencialmente ao bem público, ao Estado e ao rei, constituindo um meio de governo.

B

Babilônia: Termo moderno que designa o território do reino formado por Hamurábi da Babilônia, no século XVIII a.C., e que recobre a "Baixa Mesopotâmia", isto é, a região que se estende entre a Babilônia e o golfo Pérsico.

GLOSSÁRIO

C

Canaã: Nome do território correspondente à região costeira margeada a oeste pelo Mediterrâneo e a leste pelas montanhas libanesas, pelo vale do Jordão e pelo mar Morto. As fontes epigráficas mencionam a existência de cananeus desde o século XIV a.C. Os redatores da Bíblia conservaram esse nome para designar a terra prometida.

Cidade: As primeiras cidades nasceram na Mesopotâmia, no Egito e no Elam, no final do quarto milênio a.C. A primeira cidade do mundo talvez seja Uruk. A cidade era tão importante para os sumérios que os mitos destes põem sua criação nas origens do mundo. É ao mesmo tempo o centro do poder político, o coração da vida religiosa e o ponto de encontro das trocas.

Cuneiforme: Inventada pelos sumérios, é a primeira forma de escrita conhecida. É composta de signos em forma de "pregos" ou de "cunhas" (em latim, *cuneus*). Os mais antigos testemunhos descobertos, impressos sobre tabuletas de argila, datam de aproximadamente 3300 a.C. A escrita cuneiforme serviu para anotar o sumério, o acádio, o elamita e o persa, mas também a língua hitita ou hurrita. Esteve em uso durante três milênios antes de ser suplantada pelo emprego da escrita alfabética aramaica.

D

Decálogo: Termo de origem grega que significa "dez palavras", ou mandamentos de Deus recebidos por Moisés. Trata-se dos deveres do fiel para com Deus e para com seu próximo, que consistem, entre outros, em reconhecer e adorar somente a Deus, respeitar seu nome divino, santificar o dia do Senhor — o *sabbat* — honrar os pais, não matar, não cometer adultério, não roubar, não apresentar falso testemunho, não cobiçar a mulher do próximo, não desejar os bens de outrem.

NO COMEÇO ERAM OS DEUSES

E

Escriba: Como a escrita hieroglífica no Egito, a escrita cuneiforme, por sua complexidade, requeria uma categoria de especialistas, os escribas. Parece, contudo, que, na Mesopotâmia, o domínio da escrita foi mais disseminado do que poderíamos pensar.

F

Fenícios: Populações estabelecidas no atual Líbano em cidades marítimas (Sidon, Tiro, Biblos etc.) entre 1200 a.C. e a conquista por Alexandre, em 332 a.C. Os fenícios falavam uma língua semítica comum.

H

Hebraico/ Hebreu: Do hebraico, *'Ibri*. Sua origem é discutida, mas a raiz conota a ideia de "passar para o outro lado". Na Bíblia, é essencialmente posto na boca dos egípcios e filisteus, para designar os membros do povo eleito, "os filhos de". Após o exílio, o termo foi empregado para designar os judeus da Palestina, habitantes da satrapia (região administrativa do império persa) de Transeufrates, em oposição aos membros da comunidade que permaneceram na Babilônia, e depois a toda a Diáspora. Essa acepção é também encontrada em certas passagens da Bíblia.

Henoteísmo: Termo da história das religiões que designa o apego exclusivo a um único deus e o desinteresse em relação aos outros, sem com isso negar a existência deles. Os historiadores falam por vezes de henoteísmo a propósito dos hebreus até o exílio.

Hititas: Povo indo-europeu estabelecido desde o fim do terceiro milênio a.C. na Anatólia (atual Turquia). O Estado hitita foi criado aproximadamente em 1650 a.C. pelo rei Hattusilis I, que instalou sua capital em Hattusa. Em meados do século XIV a.C., os hititas conquistaram o reino de Mitani (Alta Mesopotâmia) e uma parte da Síria. O império hitita desapareceu por volta de 1200 a.C., depois da invasão pelos povos do mar.

GLOSSÁRIO

I

Israel: Na Bíblia, o nome Israel designa ao mesmo tempo o patriarca Jacó, o povo que descende de seus doze filhos e, de maneira mais particular, as dez tribos setentrionais que teriam formado, a partir do século X a.C., o reino de Israel, cuja capital era Samaria. Depois do exílio, no século VI a.C., a palavra Israel ou israelita passou a designar o conjunto da comunidade étnico-religiosa.

M

Magia: Na Mesopotâmia, a magia era uma forma de medicina. Como o mal era provocado por "demônios" ou pela ira dos deuses, tratava-se de conjurá-lo. Por meio da manipulação e das palavras (fórmulas rituais), os "exorcistas", "conjuradores" ou "purificadores" praticavam uma arte codificada. Existiam também magia preventiva e magia negra.

Mesopotâmia: Literalmente, "país entre os rios", do grego *meso*, "meio", e *potamos*, "rio". No sentido atual, a Mesopotâmia designa as regiões situadas entre o Eufrates e o Tigre e à margem destes rios.

Monoteísmo: Do grego *monos*, "único", e *théos*, "deus", o termo designa a ideia de que existe apenas um deus. A Bíblia hebraica, redigida entre os séculos VIII e III a.C., é o fundamento das três grandes religiões monoteístas.

O

Oriente Médio: Para os historiadores da Antiguidade, o termo designa usualmente a Mesopotâmia e a Síria. Incluem-se às vezes o Egito e a Anatólia.

P

Palácio: Nas cidades mesopotâmicas, o palácio, surgido no terceiro milênio a.C., era ao mesmo tempo residência real e centro do poder político e administrativo (nele conservavam-se os arquivos). Sua importância aumentou com a do poder monárquico, e foi em torno dele e dos templos que as cidades se organizaram.

NO COMEÇO ERAM OS DEUSES

Profetas: O profeta é um mensageiro da divindade: ele revela verdades ocultas ao comum dos mortais, em nome do deus que o inspira de acordo com uma tradição bem consolidada no antigo Oriente Médio. A tradição judaica reconhece os "profetas anteriores", aqueles dos livros históricos, tais como Moisés, o mais prestigiado entre eles. Os "profetas posteriores" são aqueles que, a partir do século VIII a.C., deram o nome a um dos escritos do livro dos Profetas, tais como os três "grandes" (Isaías, Jeremias, Ezequiel) e os doze "pequenos", assim chamados devido à pequena extensão de seu texto.

S

Semitas: Como os indo-europeus, os semitas se definem por sua língua. As línguas semitas do Oriente Médio são o acádio, o amorreu, o fenício, o aramaico, o hebraico e o árabe. No terceiro milênio a.C., os semitas se tornaram majoritários na região.

Sumérios: Ignora-se a origem dessa população instalada em torno de Sumer, no sul da Mesopotâmia, no quarto milênio a.C. Sua língua não é comparável a nenhuma língua conhecida. O sumério, que deixou de ser falado no fim do terceiro milênio, permaneceu uma língua erudita e religiosa nos textos cuneiformes do segundo e do primeiro milênios.

T

Tabuletas: De argila fresca, de tamanhos e formas diferentes, as tabuletas eram o principal suporte da escrita no Oriente Médio antigo. O texto era disposto em linhas que se liam da esquerda para a direita, por vezes organizadas em colunas. As tabuletas eram secadas ao sol.

Templo: Na Mesopotâmia, os templos eram considerados a residência dos deuses, que neles estavam presentes sob a forma de estátuas. A partir do terceiro milênio a.C., passaram a ser grandes conjuntos arquitetônicos que abrigavam depósitos, armazéns, cozinhas etc. Artesãos especializados e cozinheiros estavam ligados a eles.

Cronologia

Por volta de 9000 a.C.	Primórdios da agricultura nas regiões de Damasco e do Médio Eufrates.
Por volta de 4000 a.C.	Primeiros traços da ocupação de Uruk.
Por volta de 3500-3000 a.C.	Primeiros traços de redes de irrigação. Aparecimento das primeiras cidades e nascimento da escrita na Mesopotâmia.
2900-2335 a.C.	Período dito do Dinástico Arcaico ou Présargônico. A Mesopotâmia é dominada por várias cidades-estado, tais como Kish, Ur e Uruk.
Por volta de 2650 a.C.	Gilgamesh, o herói da mais célebre epopeia suméria, é rei de Uruk.
2600-2334 a.C.	Período dito do Dinástico Arcaico III.
Por volta de 2450-2300 a.C.	Época do primeiro palácio de Mari.
2334-2190 a.C.	O império acádio domina a Mesopotâmia. Fundado por Sargão, tem seu apogeu sob o reinado de seu neto Naram-Sin (2254-2218 a.C.).
2200-2112 a.C.	Os guti, povo de montanheses do Zagros, põem fim ao império acádio. Aproximadamente em 2120 a.C., o rei deles, Gudea, reina sobre Lagash.

NO COMEÇO ERAM OS DEUSES

2111-2004 a.C.	A terceira dinastia de Ur marca o renascimento da civilização suméria. Em 2112-2095 a.C., Ur-Nammu é rei de Ur. O primeiro código de leis data de seu reino.
2004 a.C.	O reino de Ur é destruído pelas invasões dos amorreus e dos elamitas. Os amorreus fundam vários reinos, entre os quais o de Mari.
Fim do terceiro milênio a.C.	Os hititas, povo indo-europeu, se instalam na Anatólia, na Turquia do Sudeste.
1792-1750 a.C.	Reinado de Hamurábi, rei da Babilônia. O código de leis que leva seu nome, hoje no museu do Louvre, foi encontrado em 1902, em Susa.
1595 a.C.	Mursili I, rei hitita, conquista a Babilônia. Fim da primeira dinastia da Babilônia.
1570 a.C.	Uma dinastia cassita se instala na Babilônia.
Por volta de 1500 a.C.	Fundação do reino de Mitani no norte da Mesopotâmia.
1500 a.C.	Novo ataque dos hititas à Babilônia.
Século XIV a.C.	Assur, cidade-estado submetida ao Mitani, conquista sua independência.
1380-1345 a.C.	Reinado de Supiluliuma I sobre o império hitita.
Século XIII a.C.	Época em que tradicionalmente era situado o êxodo dos hebreus sob a liderança de Moisés. De fato, o Egito domina então todo o Oriente Médio, inclusive a terra de Canaã.

CRONOLOGIA

1244-1208 a.C.	Reinado de Tukulti-Ninurta I, na Assíria. Ele determina a construção de uma cidade real e celebra sua vitória sobre a Babilônia numa epopeia.
Por volta de 1210 a.C.	Primeira menção a Israel numa estela egípcia, dita de Merenpath.
1200 a.C.	As invasões dos povos do mar abalam o equilíbrio político do Oriente Médio. O império hitita e Ugarit desaparecem.
1154-1027 a.C.	A segunda dinastia de Isin reina sobre a Babilônia. Nabucodonosor I (1126-1105 a.C.) é rei da Babilônia.
Fim do segundo milênio a.C.	Novos povos se instalam no Oriente Médio. Entre eles, os aramaicos, povo proveniente do norte da Síria.
Século IX a.C.	Nimrud (Calach) se torna a capital do império assírio.
883-859 a.C.	Reinado de Assurnasirpal II sobre a Assíria. Ele conquista progressivamente os Estados vizinhos, entre os quais a Babilônia, que é integrada ao império.
744-727 a.C.	Tiglath-Pileser III é rei da Assíria. Ele impõe a influência assíria sobre a maior parte do Oriente Médio.
721-705 a.C.	Reinado de Sargão II na Assíria. Ele constrói uma nova capital, Khorsabad, a "cidadela de Sargão".
704-681 a.C.	Senaqueribe é rei da Assíria. Construção de Nínive.
688-627 a.C.	Reinado de Assurbanipal, rei letrado. Sua biblioteca foi encontrada em seu palácio de Nínive. O império assírio atinge então seus limites máximos.

NO COMEÇO ERAM OS DEUSES

626-605 a.C.	Reinado de Nabopolassar, rei da Babilônia, que funda uma nova dinastia e torna a Babilônia novamente independente.
612-606 a.C.	Medos e babilônios conquistam e devastam a Assíria. Tomada e destruição de Nínive. O império assírio desaparece em 606 a.C.
604-562 a.C.	Reinado de Nabucodonosor II na Babilônia. Ele reconstrói e embeleza a Babilônia.
597-587 a.C.	Jerusalém é tomada por Nabucodonosor II. A população de Judá é deportada para a Babilônia, por duas vezes.
539 a.C.	Conquista da Babilônia pelo grande rei persa Ciro, que triunfou sobre Nabonido. Ciro se apodera da Mesopotâmia e, em seguida, de todo o Oriente Médio. Ciro publica um édito autorizando o retorno dos exilados da Babilônia e a reconstrução de Jerusalém. Sabe-se hoje que é na época do domínio persa sobre a Judeia que a Bíblia é redigida como um conjunto coerente.
521-486 a.C.	Reinado de Dario I sobre a Pérsia.
331 a.C.	Alexandre, o Grande, entra na Babilônia e em Susa.

Índice remissivo

A descida de Ishtar aos Infernos (poema mitológico), 93, 95, 105

Abel, 287

Abraão, 72, 232, 237-45, 249-53, 289, 296

Adad (senhor das precipitações atmosféricas), 61

África, 19

Agar (mãe de Ismael), 289

Ahuni (ajudante de Bêlânu), 214-15

Aleppo (cidade), 214

Alexandre, o Grande, 26, 213, 231

Alexandria, 19

Aliança (pacto da), 242, 248, 252, 293-94

Anatólia, 212

Anu (Céu), 88

Anunnaki (aristocracia), 59

Apsu (lençol de água doce), 88

Árabe-Pérsico (golfo), 19, 207, 229

Ararat (Monte), 213

Arca, 55, 73, 75, 77-9, 80, 83

Aristóteles, 91, 231

Artaxerxes, 33-4

Ashshur-Nasir-Apal II (883-859 a.C., rei de Nimrud), 224

Ásia Menor, 16

Assíria, 207, 221

Assur (deus), 180

Assur (primeira capital do reino assírio), 43, 93

Assurbanipal (668-627 a.C., rei de Nínive), 56-7, 140, 263

Avesta (conjunto de livros sagrados), 35

Babel, 31, 239

Babilônia, 21-6, 39, 43, 71, 109, 132, 153, 191, 207, 214-17, 219, 221, 265-66

Bagdá, 207, 213

Behistun (falésia), 36

Bêlânu (negociante babilônio), 214

Bérose, 80, 82

Bíblia, 17, 19, 21, 31, 39, 42, 55-7, 72-3, 77, 80-1, 88, 96, 127, 131, 148, 153, 205, 229, 237-39, 248, 250-51, 255, 258-61, 274, 277-79, 287, 289-90, 291, 296

NO COMEÇO ERAM OS DEUSES

Caim, 287-88

Cam (filho de Noé), 288

Cambises, 33

Cântico dos cânticos, 127

Cataclismo (relato), 70, 78-82

César, 28

Champollion, 16, 32, 35

Ciro, o Grande, 33

Coélet (filósofo), 290

Dario, 33-6

Davi (rei), 289-90

Decálogo, 148, 248, 293

Demônia-Destruidora, 64

Deus de Israel, 22, 231

Deuteronômio, 245, 276

Dilúvio, 21-4, 42, 53, 56, 58, 61-3, 69-72, 77, 82, 91, 98, 144, 212-15, 239, 258, 288

Dina, 289

Dionísio (deus grego do vinho), 209

Diyala (vale do), 213

Dumuzi/Tammuz, 103, 125-28

Ea (deus, patrono do exorcismo), 59-64, 69, 78-9, 81, 176-77, 250

Ebla (Síria), 71

Eclesiastes (livro do), 290

Egito, 18-9, 111, 120, 205, 212, 230, 244, 252

Elam, 38

Enkidu (criatura do deus Enki/Ea), 57, 90, 115, 125

Enlil (soberano), 59-64, 77-8

Epidemia (relato), 60-1, 67

Ereshkigal (deusa do além), 95

Euclides, 167

Eufrates (rio), 17, 23, 27, 31, 39, 70, 78, 208, 212-14, 218-19, 229, 240

Europa, 19

Êxodo (livro do), 237, 244-51, 293

Fara-Shurupak, 70

Fome (relato), 69

Gênese,

Geshtinanna, 128

Gilgamesh, 57-8, 62, 70, 71, 90, 98, 115, 149

Girsu-Lagash, 43

Grécia, 15-6, 23, 49, 212

Grotefend, Georg Friedrich (1775-1853), 14, 33, 36-7, 40, 45

Gula (deusa curadora), 169, 177

Hamurábi (1792-1750 a.C., rei da Babilônia), 132-34, 153-59, 169, 219, 243

Heródoto, 209

Hesíodo, 59-60

Igigi (classe inferior), 59-60

Inana/Ishtar (deusa do amor livre, título hieródulo), 93, 95, 105, 115, 122-24, 127, 183

Índia, 19, 25

314

ÍNDICE REMISSIVO

Inferno, 17

Irã, 37, 153

Iraque, 45, 55, 205, 207, 210, 259

Isaac, 232, 243, 245

Isaías, 22, 231, 295

Isin, 168

Ismael, 243, 289

Israel, 22-4, 230-31, 237-39, 243-48, 250, 252, 258, 275-78, 291, 294

Javé, 81, 230, 238-53, 275-82, 289-90, 292-95

Jerusalém, 39

Jó (livro de), 21-2, 258, 265, 268, 279-83

Johanan (rabino), 223

Jônia, 16

Júlio, o Africano (filósofo grego, século II a.C.), 209, 223

Justo sofredor (relato), 265, 271

Karanâ (cidade), 221

Karkemish (cidade), 214, 218-19

Ki (Inferno), 88, 93

Kish (cidade), 70

Kramer (Samuel Noah), 15

Kubatum (querida do rei Shû-Sîn), 126-27

Lagash, 20, 219

Lamec (filho de Caim), 289

Layard, A.H., 58

Layard, S.H., 40, 53

Levi, 289

[A sábia] Mami (parteira dos deuses), 60

Maninum, 133

Marduk, 176-78, 180-81, 265-70

Marduk-shâkin-shumi, 181

Mari, 112, 183, 217-20

Mediterrâneo, 18, 212, 229, 231

Meptûm (negociante), 219

Mesopotâmia, 15-20, 25-7, 31, 39-40, 42, 47, 56, 71, 77, 80-2, 87, 94, 106, 111-12, 127, 132, 137, 139, 141, 144, 149, 153, 159, 167-68, 197, 205-7, 211-17, 218-20, 223, 240, 250, 252, 259-60, 261, 264-68, 274, 278, 291

Moisés, 55, 148, 230, 238, 244-52, 275-76, 292-93

Mundo, 71, 175, 239, 249

Münter (historiador), 36

Nabonide (rei da Babilônia, 555-539 a.C.), 216

Nabû (deus), 180

Nabucodonosor, 39

Nagatu, 219

Namtar (divindade da epidemia ou tenente dos Infernos), 61, 104

Nergal (deus do além), 95, 104

Nilo, 19

Nimrud (capital), 222

Nin-edinna (deusa patrona da estepe), 177

NO COMEÇO ERAM OS DEUSES

Ningirsu (deus), 118

Nínive (Mossul), 39-4, 43, 56, 57, 207, 263

Ninkilim (deus patrono dos pequenos roedores selvagens), 177

Ninurta (deus curador), 169

Nippur (cidade), 43

Noé, 56, 77, 81-3, 211, 239, 288-89

Norris (historiador), 36

Oppert (historiador), 36, 41

Oriente Médio, 39, 71, 131, 200, 205, 212-13, 231, 239-43, 246, 250-52

Palácio, 93-5, 135, 183

Palestina, 71, 230, 240, 292

Persépolis, 32, 37

Pérsia, 32, 36, 39

Platão, 91, 231

Provérbios (livro dos), 142

Rask (historiador), 36

Rassam (Hormuzd), 58

Rawlinson (historiador), 36, 41

Roma, 15, 249

Roseta (pedra de), 32

Sagarâtum (distrito de Mari), 219

Sammêtar (negociante), 219

Samuel (livro de), 15, 290

Sara (mulher de Abraão), 241, 289

Satanás, 279

Seca (relato)

Senaqueribe (rei de Assur, 704-681 a.C.), 93

Shamash (deus da justiça), 180-83

Shulak (deus), 189

Shurupak (pai de Ziusudra, herói do relato do Dilúvio), 144

Shû-Sîn (rei), 126-27

Simeão, 289

Sîn (deus), 95, 133, 183

Sîn-ana-Damru-lippalis, 133

Sippar (cidade do Sol), 82, 214-15

Siquém, 241, 289

Síria, 20, 71, 207, 212

Smith, George (historiador), 21, 42, 56

Sodoma, 289

Sumer/Suméria, 15, 17, 71, 145

Supersábio (Poema do), 47, 58, 60, 69, 77-80

Susa, 153

Taberneira (personagem de *A epopeia de Gilgamesh*), 149

Talbot (historiador), 36, 41

Tales de Mileto, 21

Tammuz (rei divinizado), 98, 125

Templo, 135

Teodiceia, 271

Terqa (cidade), 219

Terra, 244-45, 249, 253

Tigre (rio), 17, 23, 27, 31, 39

Tupliash (cidade), 214, 217

ÍNDICE REMISSIVO

Universo, 78-80, 93, 173-75, 238
Ur (cidade), 20, 43, 70, 97-8, 240
Urad-Nanâ (médico), 169-71, 180, 182
Uruinimgina (rei de Lagash), 211-13
Uruk (cidade), 20, 43, 57, 99, 126

Xerxes, 33-4

Zagros (monte), 213
Zimri-Lim (rei de Mari), 183
Ziusudra (herói do relato do Dilúvio), 144-45

*O texto deste livro foi composto em Sabon,
desenho tipográfico de Jan Tschichold de 1964
baseado nos estudos de Claude Garamond e
Jacques Sabon no século XVI, em corpo 11/15.
Para títulos e destaques, foi utilizada a tipografia
Frutiger, desenhada por Adrian Frutiger em 1975.*

*A impressão se deu sobre papel off-white
pelo Sistema Digital Instant Duplex da Divisão
Gráfica da Distribuidora Record.*